UMPLERE: O CARTE DESPRE COOKIE URILE SANDWICH

100 de straturi delicioase de dulceață

Adelina Olteanu

Material cu drepturi de autor ©2024

Toate drepturile rezervate

Nicio parte a acestei cărți nu poate fi folosită sau transmisă sub nicio formă sau prin orice mijloc fără acordul scris corespunzător al editorului și al proprietarului drepturilor de autor, cu excepția citatelor scurte utilizate într-o recenzie . Această carte nu trebuie considerată un substitut pentru sfaturi medicale, juridice sau alte sfaturi profesionale.

CUPRINS

CUPRINS 3
INTRODUCERE 6
ASOCIATII DE CIOCOLATA 7
   1. Biscuiți cu ciocolată și sandviș cu vanilie 8
   2. Sandvișuri cu înghețată cu ciocolată 10
   3. Prajitura de ciocolata cu sandviciuri cu menta 12
   4. Inghetata de ciocolata soia 14
   5. Sandvișuri duble cu ciocolată 16
   6. Sandviș cu înghețată cu ciocolată și nucă de cocos 18
   7. Sandviș cu fudge 20
   8. Sandviș Brownie cu ciocolată triplă 22
   9. Sandwich cu biscuiți cu ciocolată cu mentă 24
  10. Sandviș cu unt de arahide și ciocolată 26
  11. Sandviș cu vafe cu ciocolată și alune 28
  12. Sandviș mexican cu ciocolată și chili 30
  13. Sandviș cu covrigi și ciocolată cu caramel sărat 32
  14. Sandviș Macaron cu ciocolată neagră și zmeură 34
  15. Sandwich cu nucă de cocos, ciocolată și migdale 36
  16. Biscuiți de ciocolată Oreo și sandviș cu cremă 38
  17. Sandwich cu înghețată Hershey's 40
  18. Sandwich cu înghețată Toblerone 42
  19. Sandwich cu înghețată Cadbury 44
  20. Sandviș cu înghețată Godiva 46
  21. Sandviș cu înghețată Ferrero Rocher 48
  22. Sandwich cu înghețată Ghirardelli 50
PERECHILE DE NUCI 52
  23. Sandvișuri cu migdale 53
  24. Înghețată de mentă caju 55
  25. Înghețată cu nuci de ghimbir 57
  26. Sandvișuri cu înghețată și ciocolată cu arahide 59
  27. Sandvișuri cu înghețată Almond Joy 61
  28. Sandvișuri cu înghețată cu fistic și zmeură 63
  29. Sandvișuri cu înghețată în vârtej de nuci și caramel 65
  30. Sandvișuri cu înghețată cu alune și espresso 67
  31. Sandwich cu înghețată și ciocolată cu fistic 69
  32. Sandwich cu inghetata Praline cu alune 71
  33. Sandviș cu înghețată cu nucă și arțar 73
  34. Sandviș cu înghețată Crunch Caramel Caju 75
  35. Sandwich cu inghetata de ciocolata alba cu nuca de macadamia 77
  36. Sandviș cu înghețată cu unt de arahide și migdale 79
  37. Sandwich cu înghețată Praline pecan 81
  38. Sandviș cu înghețată cu bucăți de ciocolată cu nuci de Brazilia 83
  39. Sandviș cu înghețată cu caramel și nuci amestecate 85
ALIMENTE DE FRUCTE 87

40. Banane pentru sandvișuri cu înghețată de ciocolată 88
41. Sandvișuri cu rubarbă Midwest 90
42. Tarta Cherry Swirl Inghetata de Cocos 92
43. Sandvișuri Italiano cu căpșuni 95
44. Sandvișuri cu înghețată cu prăjitură cu căpșuni 97
45. Sandvișuri cu înghețată Banana Split 99
46. Sandvișuri cu înghețată cu lămâie și afine 101
47. Sandvișuri cu înghețată cu mango și nucă de cocos 103
48. Sandvișuri cu înghețată și ciocolată albă cu zmeură 105
49. Sandwich cu inghetata Cheesecake cu zmeura 107
50. Sandviș cu înghețată cu ananas și nucă de cocos 109
51. Sandwich cu înghețată cu piersici Melba 111
52. Sandviș cu înghețată cu mentă și pepene verde 113
53. Sandviș cu înghețată Kiwi Lime 115
54. Sandviș cu înghețată cu lavandă și mure 117
55. Sandviș cu înghețată cu iaurt cu fructe de pădure 119

PEREJE PICANTE 121
56. Înghețată cu nuci condimentate 122
57. Sandvișuri cu condimente cu dovlecel 125
58. Sandvișuri cu înghețată de ciocolată mexicană 127
59. Sandvișuri cu înghețată picante cu mango Habanero 129
60. Inghetata de ciocolata Chipotle Sandvișuri 131
61. Sandvișuri cu înghețată Jalapeno Lime 133
62. Sandvișuri picante cu înghețată cu caramel 135
63. Sandviș cu înghețată cu ciocolată Chipotle 137
64. Sandwich cu înghețată picant și scorțișoară Cayenne 139
65. Sandviș cu înghețată picant cu ciocolată și chili 141
66. Sandwich cu înghețată Sriracha cu unt de arahide 143
67. Sandviș cu înghețată curry picant cu nucă de cocos 145
68. Sandviș cu înghețată cu ghimbir și turmeric picant 147
69. Sandviș cu înghețată picant cu ananas Jalapeno 149
70. Sandviș cu înghețată picant cu chips de zmeură 151
71. Sandviș cu înghețată cu cireșe și ciocolată picant 153

PERECHI PE BAZĂ DE CEAI 155
72. Sandviș cu înghețată cu nuci Chai 156
73. Sandvișuri cu înghețată cu lavandă Earl Grey 159
74. Sandvișuri cu înghețată cu ceai verde matcha 161
75. Sandvișuri cu înghețată Chai Spice 163
76. Sandvișuri cu înghețată cu lămâie și ghimbir 165
77. Sandvișuri cu înghețată cu ceai verde iasomie 167

ALIMENTE PE BAZĂ DE CAFEA 169
78. Sandvișuri Coffee Zing 170
79. Sandvișuri cu înghețată de migdale moca 172
80. Sandvișuri cu înghețată caramel Macchiato 174
81. Sandvișuri cu înghețată Affogato cu alune 176
82. Espresso Brownie și Sandwich cu înghețată de cafea 178

83. Tort cu cafea și Sandwich cu înghețată Mocha Almond Fudge 180
PERECHI PE BAZĂ DE PRĂJITĂ 182
   84. Aluat de prăjitură Sandviș cu înghețată de soia 183
   85. Sandvișuri cu înghețată Cheesecake Red Velvet 185
   86. Sandvișuri cu înghețată 187
   87. Lamaie Zmeura Pound Cake Inghetata Sandvișuri 189
   88. Tort Morcovi Cremă Brânză Înghețată Sandvișuri 191
   89. Sandvișuri cu înghețată Banana Split 193
   90. Tort de ciocolată și prăjituri și Sandwich cu înghețată cu smântână 195
   91. Sandwich cu pandișpan de vanilie și cheesecake cu căpșuni 197
   92. Tort cu morcovi și Sandwich cu înghețată cu scorțișoară 199
PERECHI PE BAZĂ DE BROWNIE 201
   93. Sandvișuri cu înghețată Brownie și caramel sărat 202
   94. Biscuiți și Sandvișuri cu înghețată Brownie cu cremă 204
   95. Sandvișuri cu înghețată Brownie Fudge cu zmeură 206
   96. Sandviș cu înghețată Brownie și Chip cu mentă 208
   97. Sandwich cu înghețată cu unt de arahide 210
   98. Brownie cu fudge cu zmeură și sandviș cu înghețată învolburată 212
   99. Sandviș cu înghețată S'mores Brownie și Marshmallow 214
   100. Sandviș cu înghețată Red Velvet Brownie și brânză cremă 216
CONCLUZIE 218

INTRODUCERE

Bine ați venit la „Umplute: O CARTE DESPRE COOKIE URILE SANDWICH – 100 de straturi delicioase de dulceață". Fursecurile tip sandviș, cu combinația lor irezistibilă de două straturi de prăjituri care pun un sandwich cu o umplutură cremoasă, sunt un răsfăț îndrăgit de care se bucură oamenii de toate vârstele. În această carte de bucate, vă invităm să explorați lumea fursecurilor umplute de tip sandwich cu o colecție de 100 de rețete delicioase care vă vor satisface pofta de dulce și vă vor încânta papilele gustative.

Fursecurile tip sandwich sunt mai mult decât un desert; sunt o pânză pentru creativitate și răsfăț. În această carte de bucate, vom prezenta posibilitățile nesfârșite de prăjituri umplute de tip sandwich, de la combinații clasice precum ciocolata și vanilie până la arome inovatoare precum untul de arahide și jeleu, s'mores și multe altele. Fie că gătești pentru o ocazie specială, o sărbătoare de sărbători sau pur și simplu îți dorești un răsfăț dulce, vei găsi o mulțime de inspirație în aceste pagini.

Fiecare rețetă din această carte de bucate este realizată cu grijă și atenție la detalii, asigurând rezultate perfecte de fiecare dată când coaceți. De la straturi fragede de prăjituri până la umpluturi cremoase, fiecare mușcătură este o simfonie de arome și texturi care vă va lăsa să aveți mai multă poftă. Cu instrucțiuni clare, sfaturi utile și fotografii uimitoare, „UMPLERE: O CARTE DESPRE COOKIE URILE SANDWICH" vă ajută să creați delicatese frumoase și delicioase în propria bucătărie.

Așadar, preîncălziți cuptorul, curățați-vă foile de copt și pregătiți-vă să vă răsfățați cu 100 de straturi de dulceață cu „UMPLERE: O CARTE DESPRE COOKIE URILE SANDWICH" ca ghid. Indiferent dacă gătești pentru tine, pentru familia ta sau pentru o ocazie specială, aceste rețete cu siguranță vor impresiona și vor încânta cu fiecare mușcătură.

ASOCIATII DE CIOCOLATA

1. Biscuiți cu ciocolată și sandviș cu vanilie

INGREDIENTE:
- ⅓ cană margarină nelactate, la temperatura camerei
- ⅔ cană de zahăr din trestie evaporat
- 2 linguri de lapte nelactat
- ¼ linguriță de oțet blând
- 1 lingurita extract de vanilie
- ¾ cană făină universală nealbită
- ⅓ cană cacao de copt neîndulcită, cernută
- ½ linguriță de praf de copt
- ⅛ linguriță sare

INSTRUCȚIUNI:
a) Preîncălziți cuptorul la 375°F. Tapetați o foaie de copt cu hârtie de copt.
b) Într-un castron mediu, cremă împreună margarina și zahărul. Se amestecă laptele, oțetul și vanilia.
c) Într-un castron mic, combinați făina, cacao, praful de copt și sarea. Adăugați ingredientele uscate la umed și amestecați bine.
d) Se răstoarnă pe foaia de copt pregătită. Așezați o foaie de hârtie cerată peste aluat și întindeți-o într-un pătrat de aproximativ ¼ inch grosime.
e) Scoateți hârtia cerată și coaceți timp de 10 până la 12 minute, până când marginile sunt fixate și devine ușor umflat. Va părea moale și nu complet copt, dar este.
f) Scoatem din cuptor si lasam sa se raceasca aproximativ 15 minute pe tava de copt pe un gratar. Tăiați cu grijă biscuiții în forma dorită. Puteți folosi un tăietor de pahar sau de biscuiți pentru a le rotunji sau pentru a maximiza aluatul tăindu-le în pătrate de dimensiuni egale.
g) Scoateți fursecurile din foaie și lăsați-le să se termine de răcit pe grătar.

2.Sandvișuri cu înghețată cu ciocolată

INGREDIENTE:
- 2 căni de făină universală nealbită
- 1 lingurita de bicarbonat de sodiu
- ¼ lingurita sare
- ½ cană de zahăr din trestie evaporat
- ½ cană zahăr brun la pachet
- 1 cană margarină nelactate, înmuiată
- 1 lingurita amidon de porumb
- 2 linguri de lapte nelactat
- 1 lingurita extract de vanilie
- ¾ cană chipsuri de ciocolată semidulce

INSTRUCȚIUNI:

a) Preîncălziți cuptorul la 350°F. Tapetați două foi de copt cu hârtie de copt.

b) Într-un castron mare, cerne împreună făina, bicarbonatul de sodiu și sarea. Într-un al doilea castron mare, cremă împreună zahărul din trestie, zahărul brun și margarina.

c) Se dizolvă amidonul de porumb în lapte și se adaugă la amestecul de zahăr împreună cu vanilia. Adăugați ingredientele uscate la umed în loturi și amestecați până se combină, apoi amestecați fulgii de ciocolată.

d) Folosind un picurator de prăjituri sau o lingură, aruncați linguri grămadă de aluat pe foile de copt pregătite, la aproximativ 2 inci una de cealaltă.

e) Coaceți timp de 8 până la 10 minute sau până când marginile sunt ușor aurii.

f) Scoateți din cuptor și lăsați să se răcească pe tavă timp de 5 minute, apoi transferați pe un grătar.

g) Lăsați fursecurile să se răcească complet. Depozitați într-un recipient etanș

3.Prajitura de ciocolata cu sandviciuri cu menta

INGREDIENTE:
- ⅔ cană margarină nelactate, înmuiată
- 1 cană de zahăr din trestie evaporat
- 1 lingurita extract de vanilie
- 1¼ cani de făină universală nealbită
- ½ cană cacao de copt neîndulcită, cernută
- ½ linguriță de praf de copt
- ⅛ linguriță sare

INSTRUCȚIUNI:
a) Preîncălziți cuptorul la 375°F. Tapetați două foi de copt cu hârtie de copt.
b) Într-un castron mare, cremă împreună margarina, zahărul și vanilia. Într-un castron mic, combinați făina, cacao, praful de copt și sarea.
c) Adăugați ingredientele uscate la umed și amestecați bine.
d) Puneți linguri grămadă de aluat pe foile de copt pregătite, la aproximativ 2 inci una de cealaltă.
e) Coaceți timp de 10 până la 12 minute sau pana când fursecurile s-au întins și marginile sunt întărite.
f) Scoateți din cuptor și lăsați să se răcească pe tavă timp de 5 minute, apoi transferați pe un grătar.
g) Lăsați fursecurile să se răcească complet. Depozitați într-un recipient etanș

4.Inghetata de ciocolata soia

INGREDIENTE:
- ¾ cană de zahăr din trestie evaporat
- ⅓ cană cacao de copt neîndulcită, cernută
- 1 lingura amidon de tapioca
- 2½ cani de lapte de soia sau de canepa (grasime plina)
- 2 lingurite ulei de cocos
- 2 lingurite extract de vanilie

INSTRUCȚIUNI:
a) Într-o cratiță mare, amestecați zahărul, cacao și amidonul de tapioca și amestecați până când cacao și amidonul sunt încorporate în zahăr. Se toarnă laptele, amestecând pentru a se încorpora.
b) La foc mediu, aduceți amestecul la fierbere, amestecând des.
c) După ce ajunge la fierbere, reduceți focul la mediu-mic și bateți constant până când amestecul se îngroașă și acoperă dosul lingurii, aproximativ 5 minute.
d) Se ia de pe foc, se adaugă uleiul de cocos și vanilia și se amestecă.
e) Transferați amestecul într-un bol termorezistent și lăsați-l să se răcească complet.
f) Turnați amestecul în vasul unui aparat de înghețată de 1½ sau 2 litri și procesați conform instrucțiunilor producătorului.
g) Păstrați într-un recipient ermetic la congelator cel puțin 2 ore înainte de a asambla sandvișurile.

SA FAC SANDWICHURI
h) Lăsați înghețata să se înmoaie ușor, astfel încât să fie ușor de scos. Pune jumătate din fursecuri, cu fundul în sus, pe o suprafață curată. Pune o linguriță generoasă de înghețată, aproximativ ⅓ cană, pe partea de sus a fiecărui prăjitură. Acoperiți înghețata cu fursecurile rămase, cu fundul biscuitului atingând înghețata.
i) Apăsați ușor pe cookie-uri pentru a le nivela.
j) Înfășurați fiecare sandviș în folie de plastic sau hârtie cerată și întoarceți-l la congelator timp de cel puțin 30 de minute înainte de servire.

5. Sandvișuri duble cu ciocolată

INGREDIENTE:
- 1 cană de făină universală nealbită
- ½ cană cacao de copt neîndulcită, cernută
- ½ lingurita de bicarbonat de sodiu
- ¼ lingurita sare
- ¼ cană chipsuri de ciocolată nelactate, topite
- ½ cană margarină nelactate, înmuiată
- 1 cană de zahăr din trestie evaporat
- 1 lingurita extract de vanilie

INSTRUCȚIUNI:
a) Preîncălziți cuptorul la 325°F. Tapetați două foi de copt cu hârtie de copt.
b) Într-un castron mediu, combinați făina, pudra de cacao, bicarbonatul de sodiu și sarea.
c) Într-un castron mare, cu un mixer electric de mână, cremă împreună bucățile de ciocolată topite, margarina, zahărul și vanilia până se combină bine.
d) Adăugați ingredientele uscate la umed în loturi până se încorporează complet.
e) Puneți bile mici de aluat, de dimensiunea unei bile mari (aproximativ 2 lingurițe) pe foile de copt pregătite, la aproximativ 2 inci una de cealaltă.
f) Ungeți ușor spatele unei linguri și apăsați ușor și uniform pe fiecare prăjitură până când este aplatizat și măsoară aproximativ 1 ½ inch lățime. Coaceți timp de 12 minute, sau până când marginile sunt setate. Dacă coaceți ambele foi în același timp, rotiți foile la jumătate.
g) După scoaterea din cuptor, lăsați fursecurile să se răcească pe tavă timp de 5 minute, apoi transferați pe un grătar. Lăsați fursecurile să se răcească complet. Depozitați într-un recipient etanș

6.Sandviș cu înghețată cu ciocolată și nucă de cocos

INGREDIENTE:
- ¾ cană de zahăr din trestie evaporat
- ⅓ cană cacao de copt neîndulcită, cernută
- 1 cutie (13,5 uncii) de lapte de cocos plin de grăsime (nu uşor)
- 1 cană lapte nelactat
- 1 lingurita extract de vanilie

INSTRUCŢIUNI:
a) Într-o cratiţă mare, amestecaţi zahărul şi cacao şi amestecaţi până când cacao este încorporată în zahăr. Se toarnă laptele de cocos şi celălalt lapte nelactat, amestecând pentru a se încorpora. La foc mediu, aduceţi amestecul la fierbere, amestecând des.

b) Când ajunge la fierbere, reduceţi focul la mediu-mic şi amestecaţi constant până când zahărul se dizolvă, aproximativ 5 minute. Luaţi de pe foc şi adăugaţi vanilia, amestecând pentru a se combina.

c) Transferaţi amestecul într-un bol termorezistent şi lăsaţi-l să se răcească complet.

d) Turnaţi amestecul în vasul unui aparat de îngheţată de 1½ sau 2 litri şi procesaţi conform instrucţiunilor producătorului. Păstraţi într-un recipient ermetic la congelator cel puţin 2 ore înainte de a asambla sandvişurile.

SA FAC SANDWICHURI
e) Lăsaţi îngheţata să se înmoaie uşor, astfel încât să fie uşor de scos. Pune jumătate din fursecuri, cu fundul în sus, pe o suprafaţă curată. Pune o linguriţă generoasă de îngheţată, aproximativ ⅓ cană, pe partea de sus a fiecărui prăjitură. Acoperiţi îngheţata cu fursecurile rămase, cu fundul biscuitului atingând îngheţata.

f) Apăsaţi uşor pe cookie-uri pentru a le nivela. Înfăşuraţi fiecare sandviş în folie de plastic sau hârtie cerată şi puneţi-l la congelator timp de cel puţin 30 de minute înainte de servire.

7.Sandviș cu fudge

INGREDIENTE:
- ¼ cană chipsuri de ciocolată semidulce
- 1 lingura lapte nelactat
- 2 linguri margarina nelactate

INSTRUCȚIUNI:

a) Într-un castron sigur pentru cuptorul cu microunde, încălziți chipsurile de ciocolată și laptele în trepte de 15 secunde, amestecând între fiecare.
b) Odată ce ciocolata s-a topit, bateți bine pentru a o incorpora în lapte.
c) Adăugați margarina și amestecați bine.
d) Se lasa sa se raceasca la temperatura camerei.

8. Sandviș Brownie cu ciocolată triplă

INGREDIENTE:
1 cana unt nesarat
2 căni de zahăr granulat
4 ouă mari
1 lingurita extract de vanilie
1 cană de făină universală
1/2 cană pudră de cacao neîndulcită
1/4 lingurita sare
2 cani de inghetata de ciocolata
1/2 cană chipsuri de ciocolată

INSTRUCȚIUNI:
Preîncălziți cuptorul la 350 ° F (175 ° C) și ungeți o tavă de copt de 9 x 13 inci.
Într-un castron sigur pentru cuptorul cu microunde, topește untul. Adăugați zahărul, ouăle și extractul de vanilie și amestecați până se omogenizează bine.
Într-un castron separat, amestecați făina, pudra de cacao și sarea. Adăugați treptat ingredientele uscate la ingredientele umede, amestecând până se combină.
Se amestecă fulgii de ciocolată. Se toarnă aluatul în tava pregătită și se întinde uniform.
Coaceți 25-30 de minute sau până când o scobitoare introdusă în centru iese cu câteva firimituri umede.
Lăsați brownies-urile să se răcească complet. Tăiați în pătrate.
Luați o linguriță de înghețată de ciocolată și puneți-o pe partea de jos a unui pătrat de brownie. Acoperiți cu un alt pătrat de brownie și apăsați ușor împreună.
Repetați cu pătratele de brownie rămase și cu înghețata. Congelați cel puțin 1 oră înainte de servire.

9. Sandwich cu biscuiți cu ciocolată cu mentă

INGREDIENTE:
1 3/4 cani de faina universala
1/2 cană pudră de cacao neîndulcită
1/2 lingurita de bicarbonat de sodiu
1/4 lingurita sare
1/ 2 cană unt nesărat, înmuiat
1 cană zahăr granulat
1 ou mare
1 lingurita extract de vanilie
1/2 lingurita extract de menta
Colorant alimentar verde (optional)
2 căni de înghețată cu ciocolată cu mentă

INSTRUCȚIUNI:
Preîncălziți cuptorul la 350 ° F (175 ° C) și tapetați o tavă de copt cu hârtie de copt.
Într-un castron mediu, amestecați făina, pudra de cacao, bicarbonatul de sodiu și sarea.
Într-un castron mare, cremă împreună untul și zahărul granulat până devine ușor și pufos. Adăugați oul, extractul de vanilie, extractul de mentă și colorantul alimentar verde (dacă utilizați) și amestecați până se omogenizează bine.
Adăugați treptat ingredientele uscate la ingredientele umede, amestecând până se combină.
Puneți linguri rotunjite de aluat pe foaia de copt pregătită și aplatizați ușor cu dosul unei linguri.
Coaceți 10-12 minute sau până când marginile sunt setate. Lăsați fursecurile să se răcească complet.
După ce s-a răcit, puneți o cantitate mică de înghețată cu ciocolată cu mentă pe partea de jos a unui prăjitură. Puneți un alt fursec deasupra și apăsați ușor împreună.
Repetați cu fursecurile rămase și cu înghețata. Congelați cel puțin 1 oră înainte de servire.

10. Sandviș cu unt de arahide și ciocolată

INGREDIENTE:

1/2 cană unt nesărat, înmuiat
1/2 cană unt de arahide cremos
1/2 cană zahăr granulat
1/2 cană zahăr brun la pachet
1 ou mare
1 lingurita extract de vanilie
1 1/4 cani de faina universala
1/2 cană pudră de cacao neîndulcită
1/2 lingurita de bicarbonat de sodiu
1/4 lingurita sare
2 cesti de inghetata de ciocolata

INSTRUCȚIUNI:

Preîncălziți cuptorul la 350 ° F (175 ° C) și tapetați o tavă de copt cu hârtie de copt.

Într-un castron mare, cremă împreună untul, untul de arahide, zahărul granulat și zahărul brun până devine ușor și pufos. Adăugați oul și extractul de vanilie și amestecați până se omogenizează bine.

Într-un castron separat, amestecați făina, pudra de cacao, bicarbonatul de sodiu și sarea. Adăugați treptat ingredientele uscate la ingredientele umede, amestecând până se combină.

Puneți linguri rotunjite de aluat pe foaia de copt pregătită și aplatizați ușor cu dosul unei linguri.

Coaceți 10-12 minute sau până când marginile sunt setate. Lăsați fursecurile să se răcească complet.

Odată ce s-a răcit, puneți o cantitate mică de înghețată de ciocolată pe partea de jos a unui prăjitură. Puneți un alt fursec deasupra și apăsați ușor împreună.

Repetați cu fursecurile rămase și cu înghețata. Congelați cel puțin 1 oră înainte de servire.

11. Sandviș cu vafe cu ciocolată și alune

INGREDIENTE:

2 căni de făină universală
1/2 cană pudră de cacao neîndulcită
1/4 cană zahăr granulat
2 lingurite praf de copt
1/2 lingurita sare
2 cani de lapte
2 ouă mari
1/4 cana unt nesarat, topit
1 lingurita extract de vanilie
2 cani de inghetata de ciocolata cu alune

INSTRUCȚIUNI:

Preîncălziți un fier de vafe conform instrucțiunilor producătorului.
Într-un castron mare, amestecați făina, pudra de cacao, zahărul granulat, praful de copt și sarea.
Într-un castron separat, amestecați laptele, ouăle, untul topit și extractul de vanilie.
Adăugați treptat ingredientele umede la ingredientele uscate, amestecând până când se combină.
Turnați aluatul pe fierul de vafe preîncălzit și gătiți conform instrucțiunilor producătorului, până devine crocant și fiert.
Lăsați vafele să se răcească puțin, apoi tăiați-le în pătrate sau dreptunghiuri.
Luați o linguriță de înghețată de ciocolată cu alune și puneți-o pe partea de jos a unei bucăți de vafe. Acoperiți cu o altă bucată de vafe și apăsați ușor împreună.
Repetați cu bucățile de vafe rămase și cu înghețata. Congelați cel puțin 1 oră înainte de servire.

12. Sandviș mexican cu ciocolată și chili

INGREDIENTE:
1 3/4 cani de faina universala
1/2 cană pudră de cacao neîndulcită
1 lingurita scortisoara macinata
1/2 lingurita praf de chili macinat
1/2 lingurita de bicarbonat de sodiu
1/4 lingurita sare
1/ 2 cană unt nesărat, înmuiat
1 cană zahăr granulat
1 ou mare
1 lingurita extract de vanilie
2 cani de inghetata de ciocolata mexicana

INSTRUCȚIUNI:
Preîncălziți cuptorul la 350 ° F (175 ° C) și tapetați o tavă de copt cu hârtie de copt.
Într-un castron mediu, amestecați făina, pudra de cacao, scorțișoara măcinată, praful de chili măcinat, bicarbonatul de sodiu și sarea.
Într-un castron mare, cremă împreună untul și zahărul granulat până devine ușor și pufos. Adăugați oul și extractul de vanilie și amestecați până se omogenizează bine.
Adăugați treptat ingredientele uscate la ingredientele umede, amestecând până se combină.
Puneți linguri rotunjite de aluat pe foaia de copt pregătită și aplatizați ușor cu dosul unei linguri.
Coaceți 10-12 minute sau până când marginile sunt setate. Lăsați fursecurile să se răcească complet.
După ce s-a răcit, puneți o cantitate mică de înghețată de ciocolată mexicană pe partea de jos a unui prăjitură. Puneți un alt fursec deasupra și apăsați ușor împreună.
Repetați cu fursecurile rămase și cu înghețata. Congelați cel puțin 1 oră înainte de servire.

13. Sandviș cu covrigi și ciocolată cu caramel sărat

INGREDIENTE:
1 1/2 cani de faina universala
1/2 cană pudră de cacao neîndulcită
1/2 lingurita de bicarbonat de sodiu
1/4 lingurita sare
1/ 2 cană unt nesărat, înmuiat
1/ 2 cană zahăr granulat
1/2 cană zahăr brun la pachet
1 ou mare
1 lingurita extract de vanilie
1/2 cană covrigei tocați
1/2 cană înghețată caramel cu sare
Covrigei, pentru ornat (optional)

INSTRUCȚIUNI:
Preîncălziți cuptorul la 350 ° F (175 ° C) și tapetați o tavă de copt cu hârtie de copt.
Într-un castron mediu, amestecați făina, pudra de cacao, bicarbonatul de sodiu și sarea.
Într-un castron mare, cremă împreună untul, zahărul granulat și zahărul brun până devine ușor și pufos. Adăugați oul și extractul de vanilie și amestecați până se omogenizează bine.
Adăugați treptat ingredientele uscate la ingredientele umede, amestecând până se combină.
Se amestecă covrigii tăiați. Puneți linguri rotunjite de aluat pe foaia de copt pregătită și aplatizați ușor cu dosul unei linguri.
Coaceți 10-12 minute sau până când marginile sunt setate. Lăsați fursecurile să se răcească complet.
Odată ce s-a răcit, puneți o cantitate mică de înghețată caramel cu sare pe partea de jos a unui prăjitură. Puneți un alt fursec deasupra și apăsați ușor împreună.
Opțional: Rulați marginile sandvișului cu înghețată în covrigei zdrobiți pentru ornat. Congelați cel puțin 1 oră înainte de servire.

14. Sandviș Macaron cu ciocolată neagră și zmeură

INGREDIENTE:
1 1/4 cani de zahar pudra
3/4 cană făină de migdale
2 linguri pudra de cacao neindulcita
2 albusuri mari
1/4 cană zahăr granulat
1/4 lingurita sare
1/2 cană sorbet de zmeură
1/2 cană ciocolată neagră, topită

INSTRUCȚIUNI:
Preîncălziți cuptorul la 300°F (150°C) și tapetați o tavă de copt cu hârtie de copt.
Într-un castron mediu, cerne împreună zahărul pudră, făina de migdale și pudra de cacao.
Într-un castron separat, bate albușurile spumă la viteză medie până devin spumă. Adăugați treptat zahărul granulat și sarea și continuați să bateți până se formează vârfuri tari.
Îndoiți ușor ingredientele uscate în amestecul de albușuri până când se combină complet, având grijă să nu amestecați prea mult.
Transferați aluatul într-o pungă prevăzută cu un vârf rotund . Puneți cercuri mici pe foaia de copt pregătită.
Atingeți tava de copt pe blat de câteva ori pentru a elibera orice bule de aer. Lăsați macarons-urile să stea la temperatura camerei timp de 30 de minute pentru a forma o coajă.
Coaceți 15-18 minute sau până când macarons-urile sunt tari la atingere. Lăsați-le să se răcească complet.
Odată răcit, întindeți o cantitate mică de sorbet de zmeură pe partea plată a unei coji de macaron. Acoperiți cu o altă coajă de macaron și apăsați ușor împreună.
Înmuiați marginile sandvișului macaron în ciocolată neagră topită. Congelați cel puțin 1 oră înainte de servire.

15. Sandwich cu nucă de cocos, ciocolată și migdale

INGREDIENTE:

1 1/2 cană nucă de cocos mărunțită îndulcită
1/2 cană lapte condensat îndulcit
1/2 lingurita extract de vanilie
1/4 lingurita extract de migdale
1/ 2 cană migdale mărunțite
2 căni de înghețată cu ciocolată și cocos

INSTRUCȚIUNI:

Într-un castron mediu, combinați nuca de cocos mărunțită, laptele condensat îndulcit, extractul de vanilie, extractul de migdale și migdalele mărunțite. Se amestecă până se combină bine.

Tapetați o foaie de copt cu hârtie de copt. Luați aproximativ 2 linguri din amestecul de nucă de cocos și modelați-l dreptunghiular pe foaia de copt pregătită. Repetați pentru a face mai multe dreptunghiuri.

Pune foaia de copt la congelator timp de 1 oră pentru a permite amestecului de nucă de cocos să se întărească.

Odată ce amestecul de nucă de cocos este ferm, luați o lingură de înghețată de ciocolată cu nucă de cocos și puneți-o deasupra unui dreptunghi de nucă de cocos. Acoperiți cu un alt dreptunghi de nucă de cocos și apăsați ușor împreună.

Repetați cu restul dreptunghiurilor de nucă de cocos și cu înghețata. Congelați cel puțin 1 oră înainte de servire.

16. Biscuiți de ciocolată Oreo și sandviș cu cremă

INGREDIENTE:
2 căni de făină universală
1/2 cană pudră de cacao neîndulcită
1 lingurita praf de copt
1/2 lingurita sare
1/ 2 cană unt nesărat, înmuiat
1 cană zahăr granulat
2 ouă mari
1 lingurita extract de vanilie
2 cani de fursecuri si inghetata
Fursecuri Oreo zdrobite, pentru ornat

INSTRUCȚIUNI:
Preîncălziți cuptorul la 350 ° F (175 ° C) și tapetați o tavă de copt cu hârtie de copt.
Într-un castron mediu, amestecați făina, pudra de cacao, praful de copt și sarea.
Într-un castron mare, cremă împreună untul și zahărul granulat până devine ușor și pufos. Adăugați ouăle și extractul de vanilie și amestecați până se omogenizează bine.
Adăugați treptat ingredientele uscate la ingredientele umede, amestecând până se combină.
Puneți linguri rotunjite de aluat pe foaia de copt pregătită și aplatizați ușor cu dosul unei linguri.
Coaceți 10-12 minute sau până când marginile sunt setate. Lăsați fursecurile să se răcească complet.
După ce s-a răcit, puneți o cantitate mică de fursecuri și înghețată cremă pe partea de jos a unui prăjitură. Puneți un alt fursec deasupra și apăsați ușor împreună.
Rulați marginile sandvișului cu înghețată în fursecuri Oreo zdrobite pentru ornat. Congelați cel puțin 1 oră înainte de servire.

17. Sandwich cu înghețată Hershey's

INGREDIENTE:
1 pachet batoane de ciocolată Hershey
12 fursecuri cu napolitană de ciocolată
2 cani de inghetata de vanilie

INSTRUCȚIUNI:
Rupeți batoanele de ciocolată Hershey's în bucăți individuale.
Puneți 6 fursecuri cu napolitană de ciocolată cu susul în jos pe o tavă de copt.
Pune o bucată de ciocolată Hershey deasupra fiecărui fursec.
Luați o lingură de înghețată de vanilie și puneți-o deasupra ciocolatei.
Puneți un alt fursec cu napolitană de ciocolată deasupra pentru a face un sandviș.
Repetați cu fursecurile rămase, ciocolată și înghețată.
Congelați sandvișurile cu înghețată timp de cel puțin 2 ore înainte de servire.

18. Sandwich cu înghețată Toblerone

INGREDIENTE:
1 Baton de ciocolată Toblerone
12 fursecuri cu ciocolată
2 cani de inghetata de ciocolata

INSTRUCȚIUNI:
Rupeți batonul de ciocolată Toblerone în bucăți mici triunghiulare.
Puneți 6 fursecuri cu ciocolată cu susul în jos pe o tavă de copt.
Pune o bucată de ciocolată Toblerone deasupra fiecărui prăjitură.
Luați o linguriță de înghețată de ciocolată și puneți-o deasupra ciocolatei.
Puneți un alt prăjitură cu ciocolată deasupra pentru a face un sandviș.
Repetați cu fursecurile rămase, ciocolată și înghețată.
Congelați sandvișurile cu înghețată timp de cel puțin 2 ore înainte de servire.

19. Sandwich cu înghețată Cadbury

INGREDIENTE:
1 baton de ciocolată Cadbury Dairy Milk
12 prăjituri scurte
2 cani de inghetata caramel

INSTRUCȚIUNI:
Rupeți batonul de ciocolată Cadbury Dairy Milk în bucăți individuale.
Puneți 6 biscuiți cu susul în jos pe o tavă de copt.
Puneți o bucată de ciocolată Cadbury deasupra fiecărui fursec.
Luați o lingură de înghețată caramel și puneți-o deasupra ciocolatei.
Puneți un alt prăjitură scurtă deasupra pentru a face un sandviș.
Repetați cu fursecurile rămase, ciocolată și înghețată.
Congelați sandvișurile cu înghețată timp de cel puțin 2 ore înainte de servire.

20. Sandviș cu înghețată Godiva

INGREDIENTE:
1 cutie trufe de ciocolata Godiva
12 biscuiti graham de ciocolata
2 cesti de inghetata de cafea

INSTRUCȚIUNI:
Scoateți ambalajele din trufele de ciocolată Godiva.
Puneți 6 biscuiți graham de ciocolată cu susul în jos pe o tavă de copt.
Puneți o trufă Godiva deasupra fiecărui biscuit.
Luați o linguriță de înghețată de cafea și puneți-o deasupra trufei.
Puneți un alt biscuit Graham de ciocolată deasupra pentru a face un sandviș.
Repetați cu biscuiții, trufele și înghețata rămase.
Congelați sandvișurile cu înghețată timp de cel puțin 2 ore înainte de servire.

21. Sandviș cu înghețată Ferrero Rocher

INGREDIENTE:
1 pachet ciocolata Ferrero Rocher
12 fursecuri de ciocolata
2 cani de inghetata de alune

INSTRUCȚIUNI:
Scoateți ambalajele din ciocolata Ferrero Rocher.
Puneți 6 fursecuri de ciocolată cu susul în jos pe o tavă de copt.
Puneți o ciocolată Ferrero Rocher deasupra fiecărui fursec.
Luați o lingură de înghețată de alune și puneți-o deasupra ciocolatei.
Puneți un alt fursec de ciocolată deasupra pentru a face un sandviș.
Repetați cu fursecurile rămase, ciocolata și înghețata.
Congelați sandvișurile cu înghețată timp de cel puțin 2 ore înainte de servire.

22. Sandwich cu înghețată Ghirardelli

INGREDIENTE:
1 baton de ciocolată Ghirardelli
12 prăjituri scurte înmuiate în ciocolată
2 căni de înghețată cu ciocolată cu mentă

INSTRUCȚIUNI:
Rupeți batonul de ciocolată Ghirardelli în pătrate individuale.
Puneți 6 biscuiți de ciocolată cu susul în jos pe o foaie de copt.
Așezați un pătrat de ciocolată Ghirardelli deasupra fiecărui fursec.
Luați o linguriță de înghețată cu ciocolată cu mentă și puneți-o deasupra ciocolatei.
Puneți un alt prăjitură de ciocolată înmuiată deasupra pentru a face un sandviș.
Repetați cu fursecurile rămase, ciocolată și înghețată.
Congelați sandvișurile cu înghețată timp de cel puțin 2 ore înainte de servire.

PERECHILE DE NUCI

23.Sandvișuri cu migdale

INGREDIENTE:
- 1 cană margarină nelactate, înmuiată
- ¾ cană de zahăr din trestie evaporat, împărțit
- ½ linguriță extract de migdale
- 1 lingurita extract de vanilie
- 2 căni de făină universală nealbită
- ⅓ cană migdale măcinate

INSTRUCȚIUNI:
a) Într-un castron mare, cremă împreună margarina, ½ cană de zahăr și extractele de migdale și vanilie până se combină bine. Într-un castron mic, combinați făina și migdalele măcinate.
b) Adăugați amestecul de făină în amestecul de margarina în loturi și amestecați până când aluatul este moale și neted.
c) Împărțiți aluatul în jumătate și modelați fiecare jumătate într-un buștean dreptunghiular, de aproximativ 5 inci lungime, 3 inci lățime și 2 inci înălțime. Presărați restul de ¼ de cană de zahăr pe o suprafață curată și rulați fiecare buștean în ea, pentru a acoperi exteriorul.
d) Înfășurați fiecare buștean în folie de plastic și lăsați-l la frigider pentru cel puțin 2 ore.
e) Preîncălziți cuptorul la 375°F. Tapetați două foi de biscuiți cu hârtie de copt.
f) Scoateți bușteni din frigider și rulați fiecare buștean în zahărul rămas, pentru a se îmbrăca. Folosind un cuțit ascuțit, tăiați bușteni în felii de ¼ inch grosime, apăsând părțile laterale ale bușteni în timp ce tăiați pentru a-și menține forma.
g) Puneți fursecurile feliate pe foile de copt pregătite, la 1 inch una de cealaltă.
h) Coaceți timp de 8 până la 10 minute sau până când marginile se rumenesc ușor. Dacă coaceți ambele foi în același timp, rotiți-le la jumătate.
i) Scoateți din cuptor și lăsați fursecurile să se răcească pe tavă timp de 5 minute, apoi transferați pe un grătar. Lăsați fursecurile să se răcească complet.
j) Depozitați într-un recipient etanș.

24.Înghețată de mentă caju

INGREDIENTE:
- 2 cani de lapte de soia sau de canepa (grasime plina)
- ¾ cană de zahăr din trestie evaporat
- 1½ linguriță extract de mentă
- 1 lingurita extract de vanilie
- 1½ cani de caju crude
- 3 până la 4 picături de colorant alimentar verde (opțional)
- 1/16 lingurita guma guar
- ⅓ cană de ciocolată semidulce (folosește un curățător de legume pe o baton de ciocolată)

INSTRUCȚIUNI:
a) Într-o cratiță mare, combinați laptele și zahărul. La foc mediu, aduceți amestecul la fierbere, amestecând des.
b) Când ajunge la fierbere, reduceți focul la mediu-mic și amestecați constant până când zahărul se dizolvă, aproximativ 5 minute.
c) Luați de pe foc și adăugați extractele de mentă și vanilie, amestecând pentru a se combina.
d) Puneți caju-urile în fundul unui bol termorezistent și turnați peste ele amestecul de lapte fierbinte. Se lasa sa se raceasca complet. Odată ce s-a răcit, transferați amestecul într-un robot de bucătărie sau într-un blender de mare viteză și procesați până la omogenizare, oprindu-se să răzuiți părțile laterale după cum este necesar.
e) Adăugați colorant alimentar, dacă folosiți. Spre sfârșitul procesării, presară guma de guar și asigură-te că este bine încorporată.
f) Turnați amestecul în vasul unui aparat de înghețată de 1½ sau 2 litri și procesați conform instrucțiunilor producătorului. Odată ce înghețata este gata, amestecați ușor așchii de ciocolată.
g) Păstrați într-un recipient ermetic la congelator cel puțin 2 ore înainte de a asambla sandvișurile.

SA FAC SANDWICHURI
h) Lăsați înghețata să se înmoaie ușor, astfel încât să fie ușor de scos. Pune jumătate din fursecuri, cu fundul în sus, pe o suprafață curată. Pune o linguriță generoasă de înghețată, aproximativ ⅓ cană, pe partea de sus a fiecărui prăjitură.
i) Acoperiți înghețata cu fursecurile rămase, cu fundul biscuitului atingând înghețata. Apăsați ușor pe cookie-uri pentru a le nivela.
j) Înfășurați fiecare sandviș în folie de plastic sau hârtie cerată și întoarceți-l la congelator timp de cel puțin 30 de minute înainte de a mânca.

25. Înghețată cu nuci de ghimbir

INGREDIENTE:
- 2 cesti de lapte nelactat (grasime mai mare, cum ar fi soia sau canepa)
- ¾ cană de zahăr din trestie evaporat
- 1 lingurita de ghimbir macinat
- 1 lingurita extract de vanilie
- 1½ cani de caju crude
- 1/16 lingurita guma guar
- ⅓ cană de ghimbir confiat tocat mărunt

INSTRUCȚIUNI:
a) Într-o cratiță mare, amestecați laptele și zahărul. La foc mediu, aduceți amestecul la fierbere, amestecând des.

b) Când ajunge la fierbere, reduceți focul la mediu-mic și amestecați constant până când zahărul se dizolvă, aproximativ 5 minute. Se ia de pe foc, se adaugă ghimbirul și vanilia și se amestecă.

c) Puneți caju-urile în fundul unui bol termorezistent și turnați peste ele amestecul de lapte fierbinte. Se lasa sa se raceasca complet. Odată ce s-a răcit, transferați amestecul într-un robot de bucătărie sau într-un blender de mare viteză și procesați până la omogenizare, oprindu-se să răzuiți părțile laterale după cum este necesar.

d) Spre sfârșitul procesării, presară guma de guar și asigură-te că este bine încorporată.

e) Turnați amestecul în vasul unui aparat de înghețată de 1½ sau 2 litri și procesați conform instrucțiunilor producătorului.

f) Odată ce înghețata este gata, amestecați ușor ghimbirul confiat. Păstrați într-un recipient ermetic la congelator cel puțin 2 ore înainte de a asambla sandvișurile.

SA FAC SANDWICHURI
g) Lăsați înghețata să se înmoaie ușor, astfel încât să fie ușor de scos. Pune jumătate din fursecuri, cu fundul în sus, pe o suprafață curată. Pune o linguriță generoasă de înghețată, aproximativ ⅓ cană, pe partea de sus a fiecărui prăjitură.

h) Acoperiți înghețata cu fursecurile rămase, cu fundul biscuitului atingând înghețata.

i) Apăsați ușor pe cookie-uri pentru a le nivela.

j) Înfășurați fiecare sandviș cu folie de plastic sau hârtie cerată și întoarceți-l la congelator timp de cel puțin 30 de minute înainte de servire.

26.Sandvişuri cu îngheţată şi ciocolată cu arahide

INGREDIENTE:
- 1 cană de unt de arahide cremos
- ½ cană zahăr granulat
- ½ cană zahăr brun la pachet
- 1 ou mare
- 1 lingurita extract de vanilie
- 1 ¼ cană de făină universală
- ½ linguriță de praf de copt
- ¼ lingurita sare
- ½ cană chipsuri de ciocolată
- 1 litru de inghetata de ciocolata
- Arahide tocate pentru rulare

INSTRUCȚIUNI:
a) Preîncălziți cuptorul la 350 ° F (175 ° C) și tapetați o tavă de copt cu hârtie de copt.
b) Într-un castron, cremă împreună untul de arahide, zahărul granulat și zahărul brun până se omogenizează. Adăugați oul și extractul de vanilie și amestecați bine.
c) Într-un castron separat, amestecați făina, praful de copt și sarea. Adăugați treptat ingredientele uscate în amestecul de unt de arahide și amestecați până se omogenizează. Se amestecă fulgii de ciocolată.
d) Rulați aluatul în bile de 1 inch și puneți-le pe foaia de copt pregătită. Aplatizați fiecare minge cu o furculiță pentru a crea un model încrucișat.
e) Coaceți timp de 10-12 minute sau până când prăjiturile sunt ușor aurii. Lăsați-le să se răcească complet.
f) Luați o linguriță de înghețată de ciocolată și puneți-o în sandwich între două fursecuri. Rulați marginile în alune tocate pentru un plus de crocant.
g) Pune sandvișurile cu înghețată la congelator timp de cel puțin 1 oră pentru a se întări înainte de servire.

27. Sandvișuri cu înghețată Almond Joy

INGREDIENTE:
- 1 ½ cană de făină universală
- ½ lingurita de bicarbonat de sodiu
- ¼ lingurita sare
- ½ cană unt nesărat, înmuiat
- ½ cană zahăr granulat
- ½ cană zahăr brun la pachet
- 1 ou mare
- 1 lingurita extract de vanilie
- ½ cană nucă de cocos mărunțită
- ½ cană migdale mărunțite
- 1 litru de înghețată de nucă de cocos sau migdale
- Ganache de ciocolată sau ciocolată topită pentru stropire

INSTRUCȚIUNI:
a) Preîncălziți cuptorul la 375 ° F (190 ° C) și tapetați o tavă de copt cu hârtie de copt.
b) Într-un castron, amestecați făina, bicarbonatul de sodiu și sarea.
c) Într-un castron separat, cremă împreună untul înmuiat, zahărul granulat și zahărul brun până devine ușor și pufos. Adăugați oul și extractul de vanilie și amestecați până se omogenizează bine.
d) Adăugați treptat ingredientele uscate în amestecul de unt și amestecați până se omogenizează. Se amestecă nuca de cocos mărunțită și migdalele mărunțite.
e) Puneți linguri rotunjite de aluat pe foaia de copt pregătită, distanțându-le la aproximativ 2 inci. Aplatizați ușor fiecare bilă de aluat cu palma mâinii.
f) Coaceți 10-12 minute sau până când marginile sunt aurii. Lăsați fursecurile să se răcească complet.
g) Luați o linguriță de înghețată cu nucă de cocos sau migdale și puneți-o în sandwich între două prăjituri. Stropiți cu ganache de ciocolată sau ciocolată topită.
h) Pune sandvișurile cu înghețată la congelator timp de cel puțin 1 oră pentru a se întări înainte de servire.

28. Sandvișuri cu înghețată cu fistic și zmeură

INGREDIENTE:
- 1 ½ cană de făină universală
- ½ lingurita de bicarbonat de sodiu
- ¼ lingurita sare
- ½ cană unt nesărat, înmuiat
- ½ cană zahăr granulat
- ½ cană zahăr brun la pachet
- 1 ou mare
- 1 lingurita extract de vanilie
- ½ cană fistic decojit, tocat
- 1 litru de înghețată de fistic
- Zmeura proaspata pentru garnitura

INSTRUCȚIUNI:

a) Preîncălziți cuptorul la 375 ° F (190 ° C) și tapetați o tavă de copt cu hârtie de copt.

b) Într-un castron, amestecați făina, bicarbonatul de sodiu și sarea.

c) Într-un castron separat, cremă împreună untul înmuiat, zahărul granulat și zahărul brun până devine ușor și pufos. Adăugați oul și extractul de vanilie și amestecați până se omogenizează bine.

d) Adăugați treptat ingredientele uscate în amestecul de unt și amestecați până se omogenizează. Se amestecă fisticul tocat.

e) Puneți linguri rotunjite de aluat pe foaia de copt pregătită, distanțându-le la aproximativ 2 inci. Aplatizați ușor fiecare bilă de aluat cu palma mâinii.

f) Coaceți 10-12 minute sau până când marginile sunt aurii. Lăsați fursecurile să se răcească complet.

g) Luați o linguriță de înghețată cu fistic și puneți-o în sandwich între două fursecuri. Presă câteva zmeură proaspătă pe marginile înghețatei.

h) Pune sandvișurile cu înghețată la congelator timp de cel puțin 1 oră pentru a se întări înainte de servire.

29. Sandvișuri cu înghețată în vârtej de nuci și caramel

INGREDIENTE:
- 1 ½ cană de făină universală
- ½ lingurita de bicarbonat de sodiu
- ¼ lingurita sare
- ½ cană unt nesărat, înmuiat
- ½ cană zahăr granulat
- ½ cană zahăr brun la pachet
- 1 ou mare
- 1 lingurita extract de vanilie
- ½ ceasca de nuci tocate
- 1 litru de înghețată cu caramel
- Sos de caramel pentru stropire

INSTRUCȚIUNI:
a) Preîncălziți cuptorul la 375 ° F (190 ° C) și tapetați o tavă de copt cu hârtie de copt.
b) Într-un castron, amestecați făina, bicarbonatul de sodiu și sarea.
c) Într-un castron separat, cremă împreună untul înmuiat, zahărul granulat și zahărul brun până devine ușor și pufos. Adăugați oul și extractul de vanilie și amestecați până se omogenizează bine.
d) Adăugați treptat ingredientele uscate în amestecul de unt și amestecați până se omogenizează. Se amestecă nucile tocate.
e) Puneți linguri rotunjite de aluat pe foaia de copt pregătită, distanțându-le la aproximativ 2 inci. Aplatizați ușor fiecare bilă de aluat cu palma mâinii.
f) Coaceți 10-12 minute sau până când marginile sunt aurii. Lăsați fursecurile să se răcească complet.
g) Luați o linguriță de înghețată cu caramel și faceți un sandwich între două prăjituri. Stropiți cu sos de caramel.
h) Pune sandvișurile cu înghețată la congelator timp de cel puțin 1 oră pentru a se întări înainte de servire.

30.Sandvișuri cu înghețată cu alune și espresso

INGREDIENTE:
- 1 ½ cană de făină universală
- ½ lingurita de bicarbonat de sodiu
- ¼ lingurita sare
- ½ cană unt nesărat, înmuiat
- ½ cană zahăr granulat
- ½ cană zahăr brun la pachet
- 1 ou mare
- 1 lingurita extract de vanilie
- ½ ceasca de alune tocate
- Espresso de 1 halbă sau înghețată cu aromă de cafea
- Boabe espresso zdrobite acoperite cu ciocolată pentru decor

INSTRUCȚIUNI:

a) Preîncălziți cuptorul la 375 ° F (190 ° C) și tapetați o tavă de copt cu hârtie de copt.

b) Într-un castron, amestecați făina, bicarbonatul de sodiu și sarea.

c) Într-un castron separat, cremă împreună untul înmuiat, zahărul granulat și zahărul brun până devine ușor și pufos. Adăugați oul și extractul de vanilie și amestecați până se omogenizează bine.

d) Adăugați treptat ingredientele uscate în amestecul de unt și amestecați până se omogenizează. Se amestecă alunele tocate.

e) Puneți linguri rotunjite de aluat pe foaia de copt pregătită, distanțându-le la aproximativ 2 inci. Aplatizați ușor fiecare bilă de aluat cu palma mâinii.

f) Coaceți 10-12 minute sau până când marginile sunt aurii. Lăsați fursecurile să se răcească complet.

g) Luați o linguriță de espresso sau înghețată cu aromă de cafea și puneți-o în sandwich între două fursecuri. Apăsați niște boabe de espresso zdrobite acoperite cu ciocolată pe marginile înghețatei.

h) Pune sandvișurile cu înghețată la congelator timp de cel puțin 1 oră pentru a se întări înainte de servire.

31. Sandwich cu înghețată și ciocolată cu fistic

INGREDIENTE:
12 fursecuri cu ciocolată
2 cani de inghetata de fistic
1/2 cană ciocolată neagră tocată

INSTRUCȚIUNI:
Luați 6 fursecuri cu ciocolată și puneți-le cu susul în jos pe o tavă de copt.
Puneți înghețată de fistic pe fiecare prăjitură.
Presarati ciocolata neagra tocata peste inghetata.
Puneți un alt fursec cu ciocolată deasupra fiecărei linguri de înghețată și apăsați ușor pentru a crea un sandviș.
Congelați sandvișurile cu înghețată timp de cel puțin 2 ore înainte de servire.

32. Sandwich cu inghetata Praline cu alune

INGREDIENTE:
12 prăjituri scurte
2 cani de inghetata de alune
1/2 cană nuci praline zdrobite

INSTRUCȚIUNI:
Luați 6 biscuiți și așezați-le cu susul în jos pe o tavă de copt.
Puneți înghețată de alune pe fiecare prăjitură.
Presărați nuci praline zdrobite peste înghețată.
Puneți un alt prăjitură scurtă deasupra fiecărei linguri de înghețată și apăsați ușor pentru a crea un sandviș.
Congelați sandvișurile cu înghețată timp de cel puțin 2 ore înainte de servire.

33.Sandviș cu înghețată cu nucă și arțar

INGREDIENTE:
12 fursecuri cu fulgi de ovaz
2 cani de inghetata de artar nuca
1/ 4 cana nuci tocate

INSTRUCȚIUNI:
Luați 6 fursecuri cu fulgi de ovăz și puneți-le cu susul în jos pe o tavă de copt.
Puneți înghețată de arțar, nucă, pe fiecare prăjitură.
Presaram nuca tocata peste inghetata.
Puneți un alt fursec cu fulgi de ovăz deasupra fiecărei linguri de înghețată și apăsați ușor pentru a crea un sandviș.
Congelați sandvișurile cu înghețată timp de cel puțin 2 ore înainte de servire.

34. Sandviș cu înghețată Crunch Caramel Caju

INGREDIENTE:
12 fursecuri cu caramel
2 cesti de inghetata caramel caju
1/4 cană sos caramel
1/4 cană caju zdrobite

INSTRUCȚIUNI:
Luați 6 fursecuri caramel și puneți-le cu susul în jos pe o tavă de copt.
Puneți înghețată cu caramel de caju pe fiecare prăjitură.
Stropiți sos de caramel peste înghețată.
Presărați caju zdrobiți peste înghețată.
Puneți un alt fursec cu caramel deasupra fiecărei linguri de înghețată și apăsați ușor pentru a crea un sandviș.
Congelați sandvișurile cu înghețată timp de cel puțin 2 ore înainte de servire.

35. Sandwich cu inghetata de ciocolata alba cu nuca de macadamia

INGREDIENTE:
12 prăjituri cu ciocolată albă cu nuci de macadamia
2 cani de inghetata cu ciocolata alba, nuci de macadamia
1/4 cană chipsuri de ciocolată albă

INSTRUCȚIUNI:
Luați 6 fursecuri cu ciocolată albă cu nucă de macadamia și puneți-le cu susul în jos pe o tavă de copt.
Puneți înghețată cu ciocolată albă și nuci de macadamia pe fiecare prăjitură.
Presaram chipsuri de ciocolata alba peste inghetata.
Puneți un alt fursec de ciocolată albă cu nucă de macadamia deasupra fiecărei linguri de înghețată și apăsați ușor pentru a crea un sandviș.
Congelați sandvișurile cu înghețată timp de cel puțin 2 ore înainte de servire.

36. Sandviș cu înghețată cu unt de arahide și migdale

INGREDIENTE:
12 fursecuri cu unt de arahide
2 cani de inghetata de ciocolata migdale
1/ 4 cană migdale zdrobite
1/4 cană sos de ciocolată

INSTRUCȚIUNI:
Luați 6 fursecuri cu unt de arahide și puneți-le cu susul în jos pe o tavă de copt.
Puneți înghețată de ciocolată cu migdale pe fiecare prăjitură.
Presaram migdale zdrobite peste inghetata.
Stropiți sos de ciocolată peste înghețată.
Puneți un alt prăjitură cu unt de arahide deasupra fiecărei linguri de înghețată și apăsați ușor pentru a crea un sandviș.
Congelați sandvișurile cu înghețată timp de cel puțin 2 ore înainte de servire.

37. Sandwich cu înghețată Praline pecan

INGREDIENTE:
12 fursecuri cu ciocolata-alune
2 cani de inghetata pralinata pecan
1/4 cană nuci pecan zdrobite

INSTRUCȚIUNI:
Luați 6 fursecuri cu ciocolată-alune și puneți-le cu susul în jos pe o tavă de copt.
Puneți înghețată pralină pecan pe fiecare prăjitură.
Presărați nuci pecan zdrobite peste înghețată.
Puneți un alt prăjitură cu ciocolată și alune deasupra fiecărei linguri de înghețată și apăsați ușor pentru a crea un sandviș.
Congelați sandvișurile cu înghețată timp de cel puțin 2 ore înainte de servire.

38. Sandviș cu înghețată cu bucăți de ciocolată cu nuci de Brazilia

INGREDIENTE:
12 fursecuri duble de ciocolata
2 căni de înghețată bucăți de ciocolată
1/4 cana nuci braziliene tocate

INSTRUCȚIUNI:
Luați 6 fursecuri duble de ciocolată și puneți-le cu susul în jos pe o tavă de copt.
Puneți înghețată bucăți de ciocolată pe fiecare prăjitură.
Presarati nuci braziliene tocate peste inghetata.
Puneți un alt fursec dublu de ciocolată deasupra fiecărei linguri de înghețată și apăsați ușor pentru a crea un sandviș.
Congelați sandvișurile cu înghețată timp de cel puțin 2 ore înainte de servire.

39. Sandviș cu înghețată cu caramel și nuci amestecate

INGREDIENTE:
12 fursecuri cu stafide din fulgi de ovaz
2 cesti de inghetata caramel cu nuci amestecate
1/4 cană nuci tocate amestecate
1/4 cană sos caramel

INSTRUCȚIUNI:
Luați 6 fursecuri cu stafide din fulgi de ovăz și puneți-le cu susul în jos pe o tavă de copt.
Puneți înghețată de caramel cu nuci amestecate pe fiecare prăjitură.
Stropiți sos de caramel peste înghețată.
Presarati nuci tocate amestecate peste inghetata.
Puneți un alt fursec cu stafide din fulgi de ovăz deasupra fiecărei linguri de înghețată și apăsați ușor pentru a crea un sandviș.
Congelați sandvișurile cu înghețată timp de cel puțin 2 ore înainte de servire.

ALIMENTE DE FRUCTE

40.Banane pentru sandvișuri cu înghețată de ciocolată

INGREDIENTE:
- 1¾ cani de făină universală nealbită
- 1 lingurita praf de copt
- ¼ lingurita sare
- ⅔ cană de zahăr din trestie evaporat
- ¼ cană margarină nelactate, înmuiată
- 1 banană mare, aproape piure, coaptă (aproximativ ½ cană piure)
- 1 lingurita extract de vanilie

INSTRUCȚIUNI:
a) Preîncălziți cuptorul la 350°F. Tapetați două foi de copt cu hârtie de copt.
b) Într-un castron mediu, combinați făina, praful de copt și sarea. Într-un castron mare, cremă împreună zahărul și margarina.
c) Adăugați banana și vanilia și amestecați până se omogenizează bine.
d) Adăugați ingredientele uscate la umed în loturi și amestecați până la omogenizare.
e) Folosind un picurător de prăjituri sau o lingură, aruncați linguri de aluat de mărimea unei linguri pe foile de copt pregătite la aproximativ 1 inch una de cealaltă.
f) Coaceți timp de 9 până la 12 minute, până când fursecurile s-au întins și marginile sunt întărite și ușor aurii.
g) Scoateți din cuptor și lăsați fursecurile să se răcească pe tavă timp de 5 minute, apoi transferați pe un grătar. Lăsați fursecurile să se răcească complet.
h) Depozitați într-un recipient etanș

41.Sandvişuri cu rubarbă Midwest

INGREDIENTE:
- 1¾ cani de făină universală nealbită
- 1 lingurita praf de copt
- ¼ lingurita sare
- ¾ cană de zahăr din trestie evaporat
- ½ cană margarină nelactate, înmuiată
- 1 lingurita extract de vanilie
- 1 cană de rubarbă tocată proaspătă sau congelată (dezghețată) (părți roșii, nu verde)

INSTRUCȚIUNI:
a) Preîncălziți cuptorul la 350°F. Tapetați două foi de copt cu hârtie de copt.
b) Într-un castron mediu, combinați făina, praful de copt și sarea. Într-un castron mare, cremă împreună zahărul și margarina. Se adauga vanilia si se amesteca pana se omogenizeaza bine.
c) Combinați ingredientele uscate cu cele umede în loturi și amestecați până la omogenizare. Îndoiți ușor rubarba.
d) Folosind un picurator de prăjituri sau o lingură, aruncați linguri de aluat de dimensiunea unei lingure și puneți-le pe foile de copt pregătite la aproximativ 1 inch una de cealaltă.
e) Coaceți timp de 9 până la 12 minute, până când fursecurile s-au întins și marginile sunt întărite și ușor aurii.
f) Scoateți din cuptor și lăsați fursecurile să se răcească pe tavă timp de 5 minute, apoi transferați pe un grătar. Lăsați fursecurile să se răcească complet.
g) Depozitați într-un recipient etanș

42. Tarta Cherry Swirl Inghetata de Cocos

INGREDIENTE:
- ¾ cană plus 2 linguri de zahăr din trestie evaporat
- 1 cutie (13,5 uncii) de lapte de cocos plin de grăsime (nu ușor)
- 1 cană lapte nelactat
- 1 lingurita extract de vanilie
- ⅓ ceasca de cirese tarta uscate, tocate grosier
- ¼ cană apă
- ½ linguriță de amidon de săgeată sau de tapioca
- ½ linguriță suc proaspăt de lămâie

INSTRUCȚIUNI:
a) Într-o cratiță mare, combinați ¾ de cană de zahăr cu laptele de cocos și alt lapte nelactat, amestecând pentru a se încorpora. La foc mediu, aduceți amestecul la fierbere, amestecând des.
b) Când ajunge la fierbere, reduceți focul la mediu-mic și amestecați constant până când zahărul se dizolvă, aproximativ 5 minute. Luați de pe foc și adăugați vanilia, amestecând pentru a se combina.
c) Transferați amestecul într-un bol termorezistent și lăsați-l să se răcească complet.
d) În timp ce baza de înghețată se răcește, combinați cireșele uscate și apa într-o cratiță mică. Gatiti la foc mediu, pana cand ciresele se inmoaie si amestecul incepe sa clocoteasca.
e) Într-un castron mic, combinați cele 2 linguri de zahăr rămase și amidonul. Presărați amestecul în cirese și reduceți focul la fiert.
f) Continuați să gătiți până când amestecul se îngroașă, aproximativ 3 minute, apoi adăugați zeama de lămâie. Transferați într-un bol termorezistent pentru a se răci complet.
g) Turnați amestecul de bază pentru înghețată în vasul unui aparat de înghețată de 1½ sau 2 litri și procesați conform instrucțiunilor producătorului. Odată ce înghețata este gata, puneți o treime într-un recipient sigur pentru congelator, apoi adăugați jumătate din amestecul de cirese răcit.
h) Adăugați încă o treime din înghețată și acoperiți cu amestecul de cirese rămas.
i) Acoperiți cu ultima treime din înghețată, apoi trageți un cuțit de unt prin amestec de 2 sau 3 ori, pentru a o învârti. Păstrați într-un

recipient ermetic la congelator cel puțin 2 ore înainte de a asambla sandvișurile.

SA FAC SANDWICHURI

j) Lăsați înghețata să se înmoaie ușor, astfel încât să fie ușor de scos. Pune jumătate din fursecuri, cu fundul în sus, pe o suprafață curată. Pune o linguriță generoasă de înghețată, aproximativ ⅓ cană, pe partea de sus a fiecărui prăjitură.

k) Acoperiți înghețata cu fursecurile rămase, cu fundul biscuitului atingând înghețata.

l) Apăsați ușor pe cookie-uri pentru a le nivela.

m) Înfășurați fiecare sandviș în folie de plastic sau hârtie cerată și întoarceți-l la congelator timp de cel puțin 30 de minute înainte de a mânca.

43. Sandvișuri Italiano cu căpșuni

INGREDIENTE:
- 1 litru de înghețată de căpșuni
- 1 cană căpșuni proaspete, tăiate cubulețe
- 8 biscuiți italieni cu degete
- Frisca (optional, pentru servire)
- frunze de mentă proaspătă (pentru garnitură)

INSTRUCȚIUNI:

a) Scoateți o halbă de înghețată de căpșuni din congelator și lăsați-o să se înmoaie câteva minute până când este ușor de lucrat.

b) Într-un castron, zdrobiți căpșunile proaspete tăiate cubulețe cu o furculiță până când își eliberează sucul.

c) Adăugați căpșunile piure în înghețata moale și amestecați bine până se distribuie uniform.

d) Tapetați o tavă sau o tavă de copt cu hârtie de copt sau folie de plastic.

e) Luați patru fursecuri italiene cu degete și puneți-le unul lângă altul în farfurie, formând o formă dreptunghiulară.

f) Întindeți uniform amestecul de înghețată de căpșuni peste degetele din farfurie.

g) Puneți cele patru fursecuri rămase deasupra înghețatei, creând un sandviș.

h) Acoperiți vasul cu folie de plastic și congelați cel puțin 4 ore sau până când înghețata este fermă.

i) Odată ce înghețata este complet înghețată, scoateți vasul din congelator și lăsați-l să stea câteva minute la temperatura camerei pentru a se înmuia ușor.

j) Tăiați sandvișul cu înghețată în porții individuale folosind un cuțit ascuțit.

k) Sandvișurile cu înghețată Strawberry Italiano pe farfurii sau în boluri.

l) Opțional, acoperiți fiecare sandviș cu o praf de frișcă și garniți cu frunze de mentă proaspătă.

m) Bucurați-vă de sandvișurile cu înghețată italiană cu căpșuni de casă !

44.Sandvișuri cu înghețată cu prăjitură cu căpșuni

INGREDIENTE:
- 1 ½ cană de făină universală
- ½ linguriță de praf de copt
- ¼ lingurita sare
- ½ cană unt nesărat, înmuiat
- ¾ cană zahăr granulat
- 1 ou mare
- 1 lingurita extract de vanilie
- 1 cană de căpșuni tăiate cubulețe
- 1 hal de inghetata de capsuni

INSTRUCȚIUNI:

a) Preîncălziți cuptorul la 350 ° F (175 ° C) și tapetați o tavă de copt cu hârtie de copt.

b) Într-un castron, amestecați făina, praful de copt și sarea.

c) Într-un castron separat, cremă untul înmuiat și zahărul granulat până devine ușor și pufos. Adăugați oul și extractul de vanilie și amestecați până se omogenizează bine.

d) Adăugați treptat ingredientele uscate în amestecul de unt și amestecați până se omogenizează. Încorporați căpșunile tăiate cubulețe.

e) Puneți linguri rotunjite de aluat pe foaia de copt pregătită, distanțându-le la aproximativ 2 inci. Aplatizați ușor fiecare bilă de aluat cu palma mâinii.

f) Coaceți 10-12 minute sau până când marginile sunt aurii. Lăsați fursecurile să se răcească complet.

g) Luați o linguriță de înghețată de căpșuni și puneți-o în sandwich între două fursecuri.

h) Pune sandvișurile cu înghețată la congelator timp de cel puțin 1 oră pentru a se întări înainte de servire.

45.Sandvișuri cu înghețată Banana Split

INGREDIENTE:
- 1 ½ cană de făină universală
- ½ lingurita de bicarbonat de sodiu
- ¼ lingurita sare
- ½ cană unt nesărat, înmuiat
- ½ cană zahăr granulat
- ½ cană zahăr brun la pachet
- 1 ou mare
- 1 lingurita extract de vanilie
- ½ cană piure de banane coapte
- ½ cană chipsuri de ciocolată
- 1 litru de inghetata de vanilie
- Căpșuni tăiate felii și ananas tocat pentru decor
- Sirop de ciocolată și frișcă pentru stropire

INSTRUCȚIUNI:

a) Preîncălziți cuptorul la 375 ° F (190 ° C) și tapetați o tavă de copt cu hârtie de copt.

b) Într-un castron, amestecați făina, bicarbonatul de sodiu și sarea.

c) Într-un castron separat, cremă împreună untul înmuiat, zahărul granulat și zahărul brun până devine ușor și pufos. Adăugați oul și extractul de vanilie și amestecați până se omogenizează bine.

d) Adăugați treptat ingredientele uscate în amestecul de unt și amestecați până se omogenizează. Se amestecă bananele piure și fulgii de ciocolată.

e) Puneți linguri rotunjite de aluat pe foaia de copt pregătită, distanțându-le la aproximativ 2 inci. Aplatizați ușor fiecare bilă de aluat cu palma mâinii.

f) Coaceți 10-12 minute sau până când marginile sunt aurii. Lăsați fursecurile să se răcească complet.

g) Luați o linguriță de înghețată de vanilie și puneți-o în sandwich între două fursecuri. Apăsați căpșunile feliate și ananasul tocat pe marginile înghețatei.

h) Stropiți cu sirop de ciocolată și acoperiți cu frișcă.

i) Pune sandvișurile cu înghețată la congelator timp de cel puțin 1 oră pentru a se întări înainte de servire.

46.Sandvișuri cu înghețată cu lămâie și afine

INGREDIENTE:
- 1 ½ cană de făină universală
- ½ lingurita de bicarbonat de sodiu
- ¼ lingurita sare
- ½ cană unt nesărat, înmuiat
- ½ cană zahăr granulat
- ½ cană zahăr brun la pachet
- 1 ou mare
- 1 lingurita extract de vanilie
- Zest de 1 lămâie
- 1 cană de afine proaspete
- 1 hal de înghețată de lămâie sau afine

INSTRUCȚIUNI:
a) Preîncălziți cuptorul la 375 ° F (190 ° C) și tapetați o tavă de copt cu hârtie de copt.
b) Într-un castron, amestecați făina, bicarbonatul de sodiu și sarea.
c) Într-un castron separat, cremă împreună untul înmuiat, zahărul granulat și zahărul brun până devine ușor și pufos. Adăugați oul, extractul de vanilie și coaja de lămâie și amestecați până se omogenizează bine.
d) Adăugați treptat ingredientele uscate în amestecul de unt și amestecați până se omogenizează. Încorporați ușor afinele proaspete.
e) Puneți linguri rotunjite de aluat pe foaia de copt pregătită, distanțându-le la aproximativ 2 inci. Aplatizați ușor fiecare bilă de aluat cu palma mâinii.
f) Coaceți 10-12 minute sau până când marginile sunt aurii. Lăsați fursecurile să se răcească complet.
g) Luați o linguriță de înghețată de lămâie sau afine și puneți-o în sandwich între două prăjituri.
h) Pune sandvișurile cu înghețată la congelator timp de cel puțin 1 oră pentru a se întări înainte de servire.

47. Sandvișuri cu înghețată cu mango și nucă de cocos

INGREDIENTE:
- 1 ½ cană de făină universală
- ½ lingurita de bicarbonat de sodiu
- ¼ lingurita sare
- ½ cană unt nesărat, înmuiat
- ½ cană zahăr granulat
- ½ cană zahăr brun la pachet
- 1 ou mare
- 1 lingurita extract de vanilie
- ½ cană de mango copt tăiat cubulețe
- ¼ cană nucă de cocos mărunțită
- 1 litru de înghețată de mango sau nucă de cocos

INSTRUCȚIUNI:

a) Preîncălziți cuptorul la 375 ° F (190 ° C) și tapetați o tavă de copt cu hârtie de copt.

b) Într-un castron, amestecați făina, bicarbonatul de sodiu și sarea.

c) Într-un castron separat, cremă împreună untul înmuiat, zahărul granulat și zahărul brun până devine ușor și pufos. Adăugați oul și extractul de vanilie și amestecați până se omogenizează bine.

d) Adăugați treptat ingredientele uscate în amestecul de unt și amestecați până se omogenizează. Se amestecă mango tăiat cubulețe și nuca de cocos mărunțită.

e) Puneți linguri rotunjite de aluat pe foaia de copt pregătită, distanțându-le la aproximativ 2 inci. Aplatizați ușor fiecare bilă de aluat cu palma mâinii.

f) Coaceți 10-12 minute sau până când marginile sunt aurii. Lăsați fursecurile să se răcească complet.

g) Luați o linguriță de înghețată de mango sau nucă de cocos și puneți-o în sandwich între două prăjituri.

h) Pune sandvișurile cu înghețată la congelator timp de cel puțin 1 oră pentru a se întări înainte de servire.

48.Sandvișuri cu înghețată și ciocolată albă cu zmeură

INGREDIENTE:
- 1 ½ cană de făină universală
- ½ lingurita de bicarbonat de sodiu
- ¼ lingurita sare
- ½ cană unt nesărat, înmuiat
- ½ cană zahăr granulat
- ½ cană zahăr brun la pachet
- 1 ou mare
- 1 lingurita extract de vanilie
- ½ cană zmeură proaspătă
- ½ cană chipsuri de ciocolată albă
- 1 litru de inghetata de zmeura sau ciocolata alba

INSTRUCȚIUNI:
a) Preîncălziți cuptorul la 375 ° F (190 ° C) și tapetați o tavă de copt cu hârtie de copt.
b) Într-un castron, amestecați făina, bicarbonatul de sodiu și sarea.
c) Într-un castron separat, cremă împreună untul înmuiat, zahărul granulat și zahărul brun până devine ușor și pufos. Adăugați oul și extractul de vanilie și amestecați până se omogenizează bine.
d) Adăugați treptat ingredientele uscate în amestecul de unt și amestecați până se omogenizează. Se amestecă zmeura proaspătă și chipsurile de ciocolată albă.
e) Puneți linguri rotunjite de aluat pe foaia de copt pregătită, distanțându-le la aproximativ 2 inci. Aplatizați ușor fiecare bilă de aluat cu palma mâinii.
f) Coaceți 10-12 minute sau până când marginile sunt aurii. Lăsați fursecurile să se răcească complet.
g) Luați o linguriță de înghețată de zmeură sau ciocolată albă și puneți-o în sandwich între două prăjituri.
h) Pune sandvișurile cu înghețată la congelator timp de cel puțin 1 oră pentru a se întări înainte de servire.

49. Sandwich cu inghetata Cheesecake cu zmeura

INGREDIENTE:
12 biscuiți graham
2 cani de inghetata cheesecake cu zmeura
1 cană zmeură proaspătă

INSTRUCȚIUNI:
Luați 6 biscuiți graham și puneți-i cu susul în jos pe o tavă de copt.
Puneți înghețată de cheesecake cu zmeură pe fiecare biscuit.
Presărați zmeură proaspătă deasupra înghețatei.
Puneți un alt biscuit Graham deasupra fiecărei linguri de înghețată și apăsați ușor pentru a crea un sandviș.
Congelați sandvișurile cu înghețată timp de cel puțin 2 ore înainte de servire.

50.Sandviș cu înghețată cu ananas și nucă de cocos

INGREDIENTE:
12 napolitane cu vanilie
2 căni de înghețată de ananas și cocos
1 cană de ananas proaspăt, tăiat cubulețe

INSTRUCȚIUNI:
Luați 6 napolitane cu vanilie și puneți-le cu susul în jos pe o tavă de copt.
Puneți înghețată de ananas și nucă de cocos pe fiecare napolitană.
Presărați ananas proaspăt tăiat cubulețe deasupra înghețatei.
Puneți o altă napolitana de vanilie deasupra fiecărei linguri de înghețată și apăsați ușor pentru a crea un sandviș.
Congelați sandvișurile cu înghețată timp de cel puțin 2 ore înainte de servire.

51.Sandwich cu înghețată cu piersici Melba

INGREDIENTE:
12 prăjituri scurte
2 cani de inghetata de piersici
1 cană zmeură proaspătă
1 cană piersici proaspete, feliate

INSTRUCȚIUNI:
Luați 6 biscuiți și așezați-le cu susul în jos pe o tavă de copt.
Puneți înghețată de piersici pe fiecare prăjitură.
Acoperiți înghețata cu zmeură proaspătă și piersici feliate.
Puneți un alt prăjitură scurtă deasupra fiecărei linguri de înghețată și apăsați ușor pentru a crea un sandviș.
Congelați sandvișurile cu înghețată timp de cel puțin 2 ore înainte de servire.

52. Sandviș cu înghețată cu mentă și pepene verde

INGREDIENTE:
12 fursecuri cu zahar
2 cani de sorbet de pepene verde
Frunze de mentă proaspătă

INSTRUCȚIUNI:
Luați 6 fursecuri cu zahăr și puneți-le cu susul în jos pe o tavă de copt.
Puneți sorbet de pepene verde pe fiecare prăjitură.
Puneți o frunză de mentă proaspătă deasupra sorbetului.
Puneți un alt fursec de zahăr deasupra fiecărei linguri de înghețată și apăsați ușor pentru a crea un sandviș.
Congelați sandvișurile cu înghețată timp de cel puțin 2 ore înainte de servire.

53. Sandviș cu înghețată Kiwi Lime

INGREDIENTE:
12 fursecuri cu ghimbir
2 căni de înghețată de lime kiwi
2 kiwi, curatati de coaja si feliati

INSTRUCȚIUNI:
Luați 6 fursecuri cu ghimbir și puneți-le cu susul în jos pe o tavă de copt.
Puneți înghețată de lămâie kiwi pe fiecare prăjitură.
Puneți câteva felii de kiwi deasupra înghețatei.
Puneți un alt fursec cu ghimbir deasupra fiecărei linguri de înghețată și apăsați ușor pentru a crea un sandviș.
Congelați sandvișurile cu înghețată timp de cel puțin 2 ore înainte de servire.

54.Sandviș cu înghețată cu lavandă și mure

INGREDIENTE:
12 fursecuri cu fulgi de ovaz
2 căni de înghețată de mure lavandă
Mure proaspete

INSTRUCȚIUNI:
Luați 6 fursecuri cu fulgi de ovăz și puneți-le cu susul în jos pe o tavă de copt.
Puneți înghețată de mure și lavandă pe fiecare prăjitură.
Adăugați mure proaspete deasupra înghețatei.
Puneți un alt fursec cu fulgi de ovăz deasupra fiecărei linguri de înghețată și apăsați ușor pentru a crea un sandviș.
Congelați sandvișurile cu înghețată timp de cel puțin 2 ore înainte de servire.

55. Sandviș cu înghețată cu iaurt cu fructe de pădure

INGREDIENTE:
12 biscuiti graham de ciocolata
2 căni de înghețată cu iaurt amestecat de fructe de pădure
Amestec de fructe de pădure proaspete (cum ar fi căpșuni, afine și zmeură)

INSTRUCȚIUNI:
Luați 6 biscuiți graham de ciocolată și puneți-i cu susul în jos pe o tavă de copt.
Puneți înghețată amestecată de iaurt cu fructe de pădure pe fiecare biscuit.
Adăugați o varietate de fructe de pădure proaspete deasupra înghețatei.
Puneți un alt biscuit Graham de ciocolată deasupra fiecărei linguri de înghețată și apăsați ușor pentru a crea un sandviș.
Congelați sandvișurile cu înghețată timp de cel puțin 2 ore înainte de servire.

PEREJE PICANTE

56.Înghețată cu nuci condimentate

INGREDIENTE:
- 2 căni de lapte de soia sau cânepă
- ¾ cană de zahăr din trestie evaporat
- 1 lingurita scortisoara macinata
- ½ linguriță de ghimbir măcinat
- ⅛ linguriță de ienibahar măcinat
- 1 lingurita extract de vanilie
- 1½ cani de caju crude
- 1/16 lingurita guma guar

INSTRUCȚIUNI:

a) Într-o cratiță mare, combinați laptele și zahărul. La foc mediu, aduceți amestecul la fierbere, amestecând des. Când ajunge la fierbere, reduceți focul la mediu-mic și amestecați constant până când zahărul se dizolvă , aproximativ 5 minute.

b) Luați de pe foc și adăugați scorțișoara, ghimbirul, ienibaharul și vanilia, amestecând pentru a se combina.

c) Puneți caju-urile în fundul unui bol termorezistent și turnați peste ele amestecul de lapte fierbinte. Se lasa sa se raceasca complet.

d) Odată ce s-a răcit, transferați amestecul într-un robot de bucătărie sau într-un blender de mare viteză și procesați până la omogenizare, oprindu-se să răzuiți părțile laterale după cum este necesar.

e) Spre sfârșitul procesării, presară guma de guar și asigură-te că este bine încorporată.

f) Turnați amestecul în vasul unui aparat de înghețată de 1½ sau 2 litri și procesați conform instrucțiunilor producătorului. Păstrați într-un recipient ermetic la congelator cel puțin 2 ore înainte de a asambla sandvișurile.

SA FAC SANDWICHURI

g) Lăsați înghețata să se înmoaie ușor, astfel încât să fie ușor de scos. Pune jumătate din fursecuri, cu fundul în sus, pe o suprafață curată. Pune o linguriță generoasă de înghețată, aproximativ ⅓ cană, pe partea de sus a fiecărui prăjitură.

h) Acoperiți înghețata cu fursecurile rămase, cu fundul biscuitului atingând înghețata.

i) Apăsați ușor pe cookie-uri pentru a le nivela.

j) Înfășurați fiecare sandviș în folie de plastic sau hârtie cerată și întoarceți-l la congelator timp de cel puțin 30 de minute înainte de a mânca.

57. Sandvișuri cu condimente cu dovlecel

INGREDIENTE:
- 2 căni de făină universală nealbită
- ½ linguriță de praf de copt
- 1 lingurita scortisoara macinata
- ¼ lingurita sare
- ¾ cană margarină nelactate, la temperatura camerei
- ¾ cană zahăr brun închis la pachet
- ½ cană de zahăr din trestie evaporat
- 2 lingurite extract de vanilie
- 1 cană de dovlecel mărunțit
- ⅓ ceasca de nuci tocate

INSTRUCȚIUNI:
a) Preîncălziți cuptorul la 350°F. Tapetați două foi de copt cu hârtie de copt.
b) Într-un castron mic, combinați făina, praful de copt, scorțișoara și sarea. Într-un castron mare, cremă împreună margarina, zahărul brun, zahărul din trestie și vanilia.
c) Adăugați ingredientele uscate la umed în loturi și amestecați până la omogenizare, apoi încorporați dovleceii și nucile.
d) Folosind un picurător de prăjituri sau o lingură, aruncați linguri grămadă de aluat pe foaia de copt pregătită la aproximativ 2 inci una de cealaltă. Apăsați ușor fiecare fursec în jos.
e) Coaceți timp de 9 până la 11 minute sau până când marginile sunt ușor aurii. Scoatem din cuptor si lasam sa se raceasca pe tava timp de 5 minute, apoi scoatem pe un gratar. Lăsați fursecurile să se răcească complet.
f) Depozitați într-un recipient etanș.

58.Sandvișuri cu înghețată de ciocolată mexicană

INGREDIENTE:
- 1 ½ cană de făină universală
- ½ cană pudră de cacao neîndulcită
- 1 lingurita scortisoara macinata
- ½ lingurita piper cayenne
- ½ lingurita de bicarbonat de sodiu
- ¼ lingurita sare
- ½ cană unt nesărat, înmuiat
- ½ cană zahăr granulat
- ½ cană zahăr brun la pachet
- 1 ou mare
- 1 lingurita extract de vanilie
- 1 litru de ciocolată sau înghețată cu scorțișoară
- Pudră de chili pentru garnitură

INSTRUCȚIUNI:

a) Preîncălziți cuptorul la 375 ° F (190 ° C) și tapetați o tavă de copt cu hârtie de copt.

b) Într-un castron, amestecați făina, pudra de cacao, scorțișoara măcinată, piperul de cayenne, bicarbonatul de sodiu și sarea.

c) Într-un castron separat, cremă împreună untul înmuiat, zahărul granulat și zahărul brun până devine ușor și pufos. Adăugați oul și extractul de vanilie și amestecați până se omogenizează bine.

d) Adăugați treptat ingredientele uscate în amestecul de unt și amestecați până se omogenizează.

e) Puneți linguri rotunjite de aluat pe foaia de copt pregătită, distanțându-le la aproximativ 2 inci. Aplatizați ușor fiecare bilă de aluat cu palma mâinii.

f) Coaceți 10-12 minute sau până când marginile sunt setate. Lăsați fursecurile să se răcească complet.

g) Luați o linguriță de înghețată de ciocolată sau scorțișoară și puneți-o în sandwich între două fursecuri. Presărați praf de chili deasupra pentru un plus.

h) Pune sandvișurile cu înghețată la congelator timp de cel puțin 1 oră pentru a se întări înainte de servire.

59.Sandvișuri cu înghețată picante cu mango Habanero

INGREDIENTE:
- 1 ½ cană de făină universală
- ½ lingurita de bicarbonat de sodiu
- ¼ lingurita sare
- ½ cană unt nesărat, înmuiat
- ½ cană zahăr granulat
- ½ cană zahăr brun la pachet
- 1 ou mare
- 1 lingurita extract de vanilie
- 1 mango copt, decojit și tăiat cubulețe
- 1 ardei habanero, fără semințe și tocat
- 1 litru de inghetata de mango sau vanilie

INSTRUCȚIUNI:
a) Preîncălziți cuptorul la 375 ° F (190 ° C) și tapetați o tavă de copt cu hârtie de copt.
b) Într-un castron, amestecați făina, bicarbonatul de sodiu și sarea.
c) Într-un castron separat, cremă împreună untul înmuiat, zahărul granulat și zahărul brun până devine ușor și pufos. Adăugați oul și extractul de vanilie și amestecați până se omogenizează bine.
d) Adăugați treptat ingredientele uscate în amestecul de unt și amestecați până se omogenizează. Se amestecă mango tăiat cubulețe și ardeiul habanero tocat.
e) Puneți linguri rotunjite de aluat pe foaia de copt pregătită, distanțându-le la aproximativ 2 inci. Aplatizați ușor fiecare bilă de aluat cu palma mâinii.
f) Coaceți 10-12 minute sau până când marginile sunt aurii. Lăsați fursecurile să se răcească complet.
g) Luați o linguriță de înghețată de mango sau vanilie și puneți-o în sandwich între două fursecuri.
h) Pune sandvișurile cu înghețată la congelator timp de cel puțin 1 oră pentru a se întări înainte de servire.

60.Inghetata de ciocolata Chipotle Sandvișuri

INGREDIENTE:
- 1 ½ cană de făină universală
- ½ cană pudră de cacao neîndulcită
- 1 lingurita praf de copt
- ¼ lingurita sare
- ½ linguriță de ardei chipotle măcinat
- ½ cană unt nesărat, înmuiat
- 1 cană zahăr granulat
- 2 ouă mari
- 1 lingurita extract de vanilie
- 1 litru de ciocolată sau înghețată de vanilie
- Fulgi de ardei roșu mărunțiți pentru ornat

INSTRUCȚIUNI:
a) Preîncălziți cuptorul la 350 ° F (175 ° C) și tapetați o tavă de copt cu hârtie de copt.
b) Într-un castron, amestecați făina, pudra de cacao, praful de copt, sarea și ardeiul chipotle măcinat.
c) Într-un castron separat, cremă untul înmuiat și zahărul granulat până devine ușor și pufos. Adaugam ouale pe rand, batand bine dupa fiecare adaugare. Se amestecă extractul de vanilie.
d) Adăugați treptat ingredientele uscate în amestecul de unt și amestecați până se omogenizează.
e) Puneți linguri rotunjite de aluat pe foaia de copt pregătită, distanțându-le la aproximativ 2 inci. Aplatizați ușor fiecare bilă de aluat cu palma mâinii.
f) Coaceți 10-12 minute sau până când marginile sunt setate. Lăsați fursecurile să se răcească complet.
g) Luați o linguriță de înghețată de ciocolată sau de vanilie și puneți-o în sandwich între două fursecuri. Presarati deasupra fulgi de ardei rosu macinati pentru o nota picanta.
h) Pune sandvișurile cu înghețată la congelator timp de cel puțin 1 oră pentru a se întări înainte de servire.

61.Sandvișuri cu înghețată Jalapeno Lime

INGREDIENTE:
- 1 ½ cană de făină universală
- ½ lingurita de bicarbonat de sodiu
- ¼ lingurita sare
- ½ cană unt nesărat, înmuiat
- ½ cană zahăr granulat
- ½ cană zahăr brun la pachet
- 1 ou mare
- 1 lingurita extract de vanilie
- Zest și suc de 1 lime
- 2 ardei jalapeno, fără semințe și tocați
- 1 litru de inghetata de lime sau vanilie

INSTRUCȚIUNI:

a) Preîncălziți cuptorul la 375 ° F (190 ° C) și tapetați o tavă de copt cu hârtie de copt.

b) Într-un castron, amestecați făina, bicarbonatul de sodiu și sarea.

c) Într-un castron separat, cremă împreună untul înmuiat, zahărul granulat și zahărul brun până devine ușor și pufos. Adăugați oul și extractul de vanilie și amestecați până se omogenizează bine.

d) Adăugați treptat ingredientele uscate în amestecul de unt și amestecați până se omogenizează. Se amestecă coaja de lămâie, sucul de lămâie și ardeiul jalapeno tocați.

e) Puneți linguri rotunjite de aluat pe foaia de copt pregătită, distanțându-le la aproximativ 2 inci. Aplatizați ușor fiecare bilă de aluat cu palma mâinii.

f) Coaceți 10-12 minute sau până când marginile sunt aurii. Lăsați fursecurile să se răcească complet.

g) Luați o linguriță de înghețată de lime sau vanilie și puneți-o în sandwich între două fursecuri.

h) Pune sandvișurile cu înghețată la congelator timp de cel puțin 1 oră pentru a se întări înainte de servire.

62.Sandvișuri picante cu înghețată cu caramel

INGREDIENTE:
- 1 ½ cană de făină universală
- ½ lingurita de bicarbonat de sodiu
- ¼ lingurita sare
- ½ cană unt nesărat, înmuiat
- ½ cană zahăr granulat
- ½ cană zahăr brun la pachet
- 1 ou mare
- 1 lingurita extract de vanilie
- ½ lingurita piper cayenne
- ½ cană nuci pecan tocate
- 1 litru de înghețată de caramel sau vanilie

INSTRUCȚIUNI:

a) Preîncălziți cuptorul la 375 ° F (190 ° C) și tapetați o tavă de copt cu hârtie de copt.

b) Într-un castron, amestecați făina, bicarbonatul de sodiu și sarea.

c) Într-un castron separat, cremă împreună untul înmuiat, zahărul granulat și zahărul brun până devine ușor și pufos. Adăugați oul și extractul de vanilie și amestecați până se omogenizează bine.

d) Adăugați treptat ingredientele uscate în amestecul de unt și amestecați până se omogenizează. Se amestecă ardeiul cayenne și nucile pecan tocate.

e) Puneți linguri rotunjite de aluat pe foaia de copt pregătită, distanțându-le la aproximativ 2 inci. Aplatizați ușor fiecare bilă de aluat cu palma mâinii.

f) Coaceți 10-12 minute sau până când marginile sunt aurii. Lăsați fursecurile să se răcească complet.

g) Luați o linguriță de înghețată de caramel sau vanilie și puneți-o în sandwich între două fursecuri.

h) Pune sandvișurile cu înghețată la congelator timp de cel puțin 1 oră pentru a se întări înainte de servire.

63. Sandviș cu înghețată cu ciocolată Chipotle

INGREDIENTE:

12 fursecuri cu ciocolată
2 cani de inghetata de ciocolata mexicana
1 lingurita de ardei chipotle macinat

INSTRUCȚIUNI:

Luați 6 fursecuri cu ciocolată și puneți-le cu susul în jos pe o tavă de copt.
Presărați un praf de ardei chipotle măcinat pe fiecare prăjitură.
Puneți înghețată de ciocolată mexicană pe fiecare prăjitură.
Puneți un alt fursec cu ciocolată deasupra fiecărei linguri de înghețată și apăsați ușor pentru a crea un sandviș.
Congelați sandvișurile cu înghețată timp de cel puțin 2 ore înainte de servire.

64. Sandwich cu înghețată picant și scorțișoară Cayenne

INGREDIENTE:
12 fursecuri snickerdoodle
2 cani de inghetata de scortisoara cayenne
Scorțișoară măcinată
Piper Cayenne măcinat

INSTRUCȚIUNI:
Luați 6 biscuiți snickerdoodle și puneți-le cu susul în jos pe o tavă de copt.
Presărați un praf de scorțișoară măcinată și piper cayenne pe fiecare prăjitură.
Puneți înghețată cu scorțișoară și cayenne pe fiecare prăjitură.
Puneți un alt prăjitură snickerdoodle deasupra fiecărei linguri de înghețată și apăsați ușor pentru a crea un sandviș.
Congelați sandvișurile cu înghețată timp de cel puțin 2 ore înainte de servire.

65. Sandviș cu înghețată picant cu ciocolată și chili

INGREDIENTE:
12 fursecuri de ciocolata
2 cani de inghetata de ciocolata chili
1 lingurita pudra de chili

INSTRUCȚIUNI:
Luați 6 fursecuri de ciocolată și puneți-le cu susul în jos pe o tavă de copt.
Presărați un vârf de pudră de chili pe fiecare prăjitură.
Puneți înghețată cu ciocolată chili pe fiecare prăjitură.
Puneți un alt fursec de ciocolată deasupra fiecărei linguri de înghețată și apăsați ușor pentru a crea un sandviș.
Congelați sandvișurile cu înghețată timp de cel puțin 2 ore înainte de servire.

66. Sandwich cu înghețată Sriracha cu unt de arahide

INGREDIENTE:
12 fursecuri cu unt de arahide
2 căni de înghețată cu unt de arahide sriracha
1 lingura sos sriracha (opțional)

INSTRUCȚIUNI:
Luați 6 fursecuri cu unt de arahide și puneți-le cu susul în jos pe o tavă de copt.
Întindeți un strat subțire de sos sriracha (dacă doriți) pe fiecare prăjitură.
Puneți înghețată cu unt de arahide sriracha pe fiecare prăjitură.
Puneți un alt prăjitură cu unt de arahide deasupra fiecărei linguri de înghețată și apăsați ușor pentru a crea un sandviș.
Congelați sandvișurile cu înghețată timp de cel puțin 2 ore înainte de servire.

67. Sandviș cu înghețată curry picant cu nucă de cocos

INGREDIENTE:
12 fursecuri cu nucă de cocos
2 căni de înghețată cu curry de cocos
1 lingurita praf de curry

INSTRUCȚIUNI:
Luați 6 fursecuri cu nucă de cocos și puneți-le cu susul în jos pe o tavă de copt.
Presărați un vârf de pudră de curry pe fiecare prăjitură.
Puneți înghețată cu curry de nucă de cocos pe fiecare prăjitură.
Puneți un alt prăjitură cu nucă de cocos deasupra fiecărei linguri de înghețată și apăsați ușor pentru a crea un sandviș.
Congelați sandvișurile cu înghețată timp de cel puțin 2 ore înainte de servire.

68. Sandviș cu înghețată cu ghimbir și turmeric picant

INGREDIENTE:
12 fursecuri cu ghimbir
2 căni de înghețată cu ghimbir turmeric
1 lingurita turmeric macinat

INSTRUCȚIUNI:
Luați 6 fursecuri cu ghimbir și puneți-le cu susul în jos pe o tavă de copt.
Presărați un praf de turmeric măcinat pe fiecare prăjitură.
Puneți înghețată cu turmeric ghimbir pe fiecare prăjitură.
Puneți un alt prăjitură cu ghimbir deasupra fiecărei linguri de înghețată și apăsați ușor pentru a crea un sandviș.
Congelați sandvișurile cu înghețată timp de cel puțin 2 ore înainte de servire.

69.Sandviș cu înghețată picant cu ananas Jalapeno

INGREDIENTE:
12 fursecuri cu vanilie
2 cani de inghetata de ananas jalapeno
Bucăți proaspete de ananas
Jalapeno feliat (înlăturați semințele pentru un condiment mai blând)

INSTRUCȚIUNI:
Luați 6 fursecuri cu vanilie și puneți-le cu susul în jos pe o tavă de copt.
Puneți înghețată de ananas jalapeno pe fiecare prăjitură.
Adăugați bucăți de ananas proaspăt și jalapeno felii deasupra înghețatei.
Puneți un alt fursec de vanilie deasupra fiecărei linguri de înghețată și apăsați ușor pentru a crea un sandviș.
Congelați sandvișurile cu înghețată timp de cel puțin 2 ore înainte de servire.

70. Sandviș cu înghețată picant cu chips de zmeură

INGREDIENTE:
12 fursecuri de ciocolata
2 căni de înghețată cu chips de zmeură
Zmeura proaspata
1/ 2 lingurita fulgi de ardei rosu macinati

INSTRUCȚIUNI:
Luați 6 fursecuri de ciocolată și puneți-le cu susul în jos pe o tavă de copt.
Presărați un praf de fulgi de ardei roșu zdrobiți pe fiecare prăjitură.
Puneți înghețată cu chips de zmeură pe fiecare prăjitură.
Adăugați zmeura proaspătă deasupra înghețatei.
Puneți un alt fursec de ciocolată deasupra fiecărei linguri de înghețată și apăsați ușor pentru a crea un sandviș.
Congelați sandvișurile cu înghețată timp de cel puțin 2 ore înainte de servire.

71. Sandviș cu înghețată cu cireșe și ciocolată picant

INGREDIENTE:
12 fursecuri cu ciocolata cu visine
2 căni de înghețată picant cu cireșe
Cireșe proaspete, fără sâmburi și tăiate la jumătate

INSTRUCȚIUNI:
Luați 6 fursecuri de ciocolată cu cireșe și puneți-le cu susul în jos pe o tavă de copt.
Puneți înghețată picantă de cireșe pe fiecare prăjitură.
Adăugați jumătăți de cireșe proaspete deasupra înghețatei.
Puneți un alt fursec de ciocolată cu cireșe deasupra fiecărei linguri de înghețată și apăsați ușor pentru a crea un sandviș.
Congelați sandvișurile cu înghețată timp de cel puțin 2 ore înainte de servire.

PERECHI PE BAZĂ DE CEAI

72.Sandviș cu înghețată cu nuci Chai

INGREDIENTE:
- 2 cani de lapte de soia sau de canepa (grasime plina)
- ¾ cană de zahăr din trestie evaporat
- ¼ lingurita de scortisoara macinata
- ¼ linguriță de ghimbir măcinat
- 1 lingurita extract de vanilie
- 1½ cani de caju crude
- 4 plicuri de ceai chai
- 1/16 lingurita guma guar

INSTRUCȚIUNI:

a) Într-o cratiță mare, combinați laptele și zahărul. La foc mediu, aduceți amestecul la fierbere, amestecând des.

b) Când ajunge la fierbere, reduceți focul la mediu-mic și amestecați constant până când zahărul se dizolvă, aproximativ 5 minute.

c) Se ia de pe foc, se adaugă scorțișoara, ghimbirul și vanilia și se amestecă.

d) Puneți caju și pliculețele de ceai chai în fundul unui vas termorezistent și turnați peste ele amestecul de lapte fierbinte. Lasati sa se raceasca complet. După ce s-au răcit, stoarceți pliculețele de ceai și aruncați-le.

e) Transferați amestecul într-un robot de bucătărie sau într-un blender de mare viteză și procesați până la omogenizare, oprindu-se să răzuiți părțile laterale după cum este necesar.

f) Spre sfârșitul procesării, presară guma de guar și asigură-te că este bine încorporată.

g) Turnați amestecul în vasul unui aparat de înghețată de 1½ sau 2 litri și procesați conform instrucțiunilor producătorului. Păstrați într-un recipient ermetic la congelator cel puțin 2 ore înainte de a asambla sandvișurile.

Pentru a face sandvișurile

h) Lăsați înghețata să se înmoaie ușor, astfel încât să fie ușor de scos. Pune jumătate din fursecuri, cu fundul în sus, pe o suprafață curată. Pune o linguriță generoasă de înghețată, aproximativ ⅓ cană, pe partea de sus a fiecărui prăjitură.

i) Acoperiți înghețata cu fursecurile rămase, cu fundul biscuitului atingând înghețata. Apăsați ușor pe cookie-uri pentru a le nivela.

j) Înfășurați fiecare sandviș în folie de plastic sau hârtie cerată și întoarceți-l la congelator timp de cel puțin 30 de minute înainte de a mânca.

73.Sandvișuri cu înghețată cu lavandă Earl Grey

INGREDIENTE:
- 1 ½ cană de făină universală
- ½ lingurita de bicarbonat de sodiu
- ¼ lingurita sare
- ½ cană unt nesărat, înmuiat
- ½ cană zahăr granulat
- ½ cană zahăr brun la pachet
- 1 ou mare
- 1 lingurita extract de vanilie
- 2 linguri frunze de ceai Earl Grey
- 1 lingură flori de lavandă uscate
- 1 litru de înghețată Earl Grey sau de vanilie

INSTRUCȚIUNI:

a) Preîncălziți cuptorul la 375 ° F (190 ° C) și tapetați o tavă de copt cu hârtie de copt.

b) Într-un castron, amestecați făina, bicarbonatul de sodiu și sarea.

c) Într-un castron separat, cremă împreună untul înmuiat, zahărul granulat și zahărul brun până devine ușor și pufos. Adăugați oul și extractul de vanilie și amestecați până se omogenizează bine.

d) Măcinați frunzele de ceai Earl Grey și florile uscate de lavandă într-o pulbere fină folosind o râșniță de condimente sau un mojar și un pistil. Adăugați ceaiul și pudra de lavandă în amestecul de unt și amestecați până se distribuie uniform.

e) Adăugați treptat ingredientele uscate în amestecul de unt și amestecați până se omogenizează.

f) Puneți linguri rotunjite de aluat pe foaia de copt pregătită, distanțându-le la aproximativ 2 inci. Aplatizați ușor fiecare bilă de aluat cu palma mâinii.

g) Coaceți 10-12 minute sau până când marginile sunt aurii. Lăsați fursecurile să se răcească complet.

h) Luați o linguriță de înghețată Earl Grey sau de vanilie și puneți-o în sandwich între două prăjituri.

i) Pune sandvișurile cu înghețată la congelator timp de cel puțin 1 oră pentru a se întări înainte de servire.

74. Sandvișuri cu înghețată cu ceai verde matcha

INGREDIENTE:
- 1 ½ cană de făină universală
- 2 linguri praf de ceai verde matcha
- ½ lingurita de bicarbonat de sodiu
- ¼ lingurita sare
- ½ cană unt nesărat, înmuiat
- ½ cană zahăr granulat
- ½ cană zahăr brun la pachet
- 1 ou mare
- 1 lingurita extract de vanilie
- 1 litru de ceai verde matcha sau înghețată de vanilie

INSTRUCȚIUNI:
a) Preîncălziți cuptorul la 375 ° F (190 ° C) și tapetați o tavă de copt cu hârtie de copt.
b) Într-un castron, amestecați făina, praful de ceai verde matcha , bicarbonatul de sodiu și sarea.
c) Într-un castron separat, cremă împreună untul înmuiat, zahărul granulat și zahărul brun până devine ușor și pufos. Adăugați oul și extractul de vanilie și amestecați până se omogenizează bine.
d) Adăugați treptat ingredientele uscate în amestecul de unt și amestecați până se omogenizează.
e) Puneți linguri rotunjite de aluat pe foaia de copt pregătită, distanțându-le la aproximativ 2 inci. Aplatizați ușor fiecare bilă de aluat cu palma mâinii.
f) Coaceți 10-12 minute sau până când marginile sunt setate. Lăsați fursecurile să se răcească complet.
g) Luați o lingură de ceai verde matcha sau înghețată de vanilie și puneți-o în sandwich între două fursecuri.
h) Pune sandvișurile cu înghețată la congelator timp de cel puțin 1 oră pentru a se întări înainte de servire.

75. Sandvișuri cu înghețată Chai Spice

INGREDIENTE:
- 1 ½ cană de făină universală
- ½ lingurita de bicarbonat de sodiu
- ¼ lingurita sare
- 1 lingură frunze de ceai chai
- 1 lingurita scortisoara macinata
- ½ linguriță de ghimbir măcinat
- ¼ de linguriță cardamom măcinat
- ¼ linguriță cuişoare măcinate
- ½ cană unt nesărat, înmuiat
- ½ cană zahăr granulat
- ½ cană zahăr brun la pachet
- 1 ou mare
- 1 lingurita extract de vanilie
- 1 litru de condiment chai sau îngheţată de vanilie

INSTRUCȚIUNI:
a) Preîncălziţi cuptorul la 375 ° F (190 ° C) şi tapetaţi o tavă de copt cu hârtie de copt.
b) Într-un castron, amestecaţi făina, bicarbonatul de sodiu, sarea, frunzele de ceai chai, scorţişoara măcinată, ghimbirul măcinat, cardamomul măcinat şi cuişoarele măcinate.
c) Într-un castron separat, cremă împreună untul înmuiat, zahărul granulat şi zahărul brun până devine uşor şi pufos. Adăugaţi oul şi extractul de vanilie şi amestecaţi până se omogenizează bine.
d) Adăugaţi treptat ingredientele uscate în amestecul de unt şi amestecaţi până se omogenizează.
e) Puneţi linguri rotunjite de aluat pe foaia de copt pregătită, distanţându-le la aproximativ 2 inci. Aplatizaţi uşor fiecare bilă de aluat cu palma mâinii.
f) Coaceţi 10-12 minute sau până când marginile sunt setate. Lăsaţi fursecurile să se răcească complet.
g) Luaţi o linguriţă de condiment chai sau îngheţată de vanilie şi puneţi-o în sandwich între două prăjituri.
h) Pune sandvişurile cu îngheţată la congelator timp de cel puţin 1 oră pentru a se întări înainte de servire.

76.Sandvișuri cu înghețată cu lămâie și ghimbir

INGREDIENTE:
- 1 ½ cană de făină universală
- ½ lingurita de bicarbonat de sodiu
- ¼ lingurita sare
- Zest de 1 lămâie
- 1 lingura de ghimbir proaspat ras
- ½ cană unt nesărat, înmuiat
- ½ cană zahăr granulat
- ½ cană zahăr brun la pachet
- 1 ou mare
- 1 lingurita extract de vanilie
- 1 hal de înghețată de lămâie sau ghimbir

INSTRUCȚIUNI:
a) Preîncălziți cuptorul la 375 ° F (190 ° C) și tapetați o tavă de copt cu hârtie de copt.
b) Într-un castron, amestecați făina, bicarbonatul de sodiu, sarea, coaja de lămâie și ghimbirul proaspăt ras.
c) Într-un castron separat, cremă împreună untul înmuiat, zahărul granulat și zahărul brun până devine ușor și pufos. Adăugați oul și extractul de vanilie și amestecați până se omogenizează bine.
d) Adăugați treptat ingredientele uscate în amestecul de unt și amestecați până se omogenizează.
e) Puneți linguri rotunjite de aluat pe foaia de copt pregătită, distanțându-le la aproximativ 2 inci. Aplatizați ușor fiecare bilă de aluat cu palma mâinii.
f) Coaceți 10-12 minute sau până când marginile sunt setate. Lăsați fursecurile să se răcească complet.
g) Luați o lingură de înghețată de lămâie sau ghimbir și puneți-o în sandwich între două prăjituri.
h) Pune sandvișurile cu înghețată la congelator timp de cel puțin 1 oră pentru a se întări înainte de servire.

77.Sandvișuri cu înghețată cu ceai verde iasomie

INGREDIENTE:

- 1 ½ cană de făină universală
- ½ lingurita de bicarbonat de sodiu
- ¼ lingurita sare
- 2 linguri frunze de ceai verde de iasomie
- ½ cană unt nesărat, înmuiat
- ½ cană zahăr granulat
- ½ cană zahăr brun la pachet
- 1 ou mare
- 1 lingurita extract de vanilie
- 1 litru de ceai verde de iasomie sau inghetata de vanilie

INSTRUCȚIUNI:

a) Preîncălziți cuptorul la 375 ° F (190 ° C) și tapetați o tavă de copt cu hârtie de copt.

b) Într-un castron, amestecați făina, bicarbonatul de sodiu, sarea și frunzele de ceai verde de iasomie.

c) Într-un castron separat, cremă împreună untul înmuiat, zahărul granulat și zahărul brun până devine ușor și pufos. Adăugați oul și extractul de vanilie și amestecați până se omogenizează bine.

d) Adăugați treptat ingredientele uscate în amestecul de unt și amestecați până se omogenizează.

e) Puneți linguri rotunjite de aluat pe foaia de copt pregătită, distanțându-le la aproximativ 2 inci. Aplatizați ușor fiecare bilă de aluat cu palma mâinii.

f) Coaceți 10-12 minute sau până când marginile sunt setate. Lăsați fursecurile să se răcească complet.

g) Luați o lingură de ceai verde de iasomie sau înghețată de vanilie și puneți-o în sandwich între două fursecuri.

h) Pune sandvișurile cu înghețată la congelator timp de cel puțin 1 oră pentru a se întări înainte de servire.

ALIMENTE PE BAZĂ DE CAFEA

78.Sandvișuri Coffee Zing

INGREDIENTE:
- 2 căni de făină universală nealbită
- 1 lingurita de bicarbonat de sodiu
- ¼ lingurita sare
- 1 cană margarină nelactate, la temperatura camerei
- ½ cană zahăr brun la pachet
- ½ cană de zahăr din trestie evaporat
- 2 lingurite de cafea instant
- 2 linguri de lapte nelactat cald
- 1½ linguriță extract de vanilie

INSTRUCȚIUNI:
a) Preîncălziți cuptorul la 350°F. Tapetați două foi de copt cu hârtie de copt.
b) Într-un castron mic, combinați făina, bicarbonatul de sodiu și sarea. Într-un castron mare, cremă împreună margarina, zahărul brun și zahărul din trestie.
c) Se dizolvă cafeaua instant în laptele cald și se adaugă la amestecul de margarină împreună cu vanilia. Adăugați ingredientele uscate la umed, în loturi, până la omogenizare.
d) Folosind un picurător de prăjituri sau o lingură, aruncați linguri grămadă de aluat pe foile de copt pregătite la aproximativ 2 inci una de cealaltă.
e) Coaceți timp de 8 până la 10 minute sau până când marginile sunt ușor aurii. Scoatem din cuptor si lasam sa se raceasca pe tava 5 minute, apoi scoatem la racit pe un gratar. Lăsați fursecurile să se răcească complet.
f) Depozitați într-un recipient etanș.

79. Sandvișuri cu înghețată de migdale moca

INGREDIENTE:
- 1 ½ cană de făină universală
- ¼ cană pudră de cacao neîndulcită
- ½ lingurita de bicarbonat de sodiu
- ¼ lingurita sare
- ½ cană unt nesărat, înmuiat
- ½ cană zahăr granulat
- ½ cană zahăr brun la pachet
- 1 ou mare
- 1 lingurita extract de vanilie
- 1 lingură granule de cafea instant
- ½ cană migdale mărunțite
- 1 litru de moka sau înghețată de ciocolată

INSTRUCȚIUNI:

a) Preîncălziți cuptorul la 375 ° F (190 ° C) și tapetați o tavă de copt cu hârtie de copt.

b) Într-un castron, amestecați făina, pudra de cacao, bicarbonatul de sodiu și sarea.

c) Într-un castron separat, cremă împreună untul înmuiat, zahărul granulat și zahărul brun până devine ușor și pufos. Adăugați oul și extractul de vanilie și amestecați până se omogenizează bine.

d) Dizolvați granulele de cafea instant în 1 lingură de apă fierbinte. Adăugați amestecul de cafea în amestecul de unt și amestecați până se încorporează uniform.

e) Adăugați treptat ingredientele uscate în amestecul de unt și amestecați până se omogenizează. Se amestecă migdalele tocate.

f) Puneți linguri rotunjite de aluat pe foaia de copt pregătită, distanțându-le la aproximativ 2 inci. Aplatizați ușor fiecare bilă de aluat cu palma mâinii.

g) Coaceți 10-12 minute sau până când marginile sunt setate. Lăsați fursecurile să se răcească complet.

h) Luați o linguriță de moka sau înghețată de ciocolată și puneți-o în sandwich între două fursecuri.

i) Pune sandvișurile cu înghețată la congelator timp de cel puțin 1 oră pentru a se întări înainte de servire.

80.Sandvișuri cu înghețată caramel Macchiato

INGREDIENTE:
- 1 ½ cană de făină universală
- ½ lingurita de bicarbonat de sodiu
- ¼ lingurita sare
- ½ cană unt nesărat, înmuiat
- ½ cană zahăr granulat
- ½ cană zahăr brun la pachet
- 1 ou mare
- 1 lingurita extract de vanilie
- 2 linguri granule de cafea instant
- ½ cană sos caramel
- 1 litru de cafea sau inghetata caramel

INSTRUCȚIUNI:
a) Preîncălziți cuptorul la 375 ° F (190 ° C) și tapetați o tavă de copt cu hârtie de copt.
b) Într-un castron, amestecați făina, bicarbonatul de sodiu și sarea.
c) Într-un castron separat, cremă împreună untul înmuiat, zahărul granulat și zahărul brun până devine ușor și pufos. Adăugați oul și extractul de vanilie și amestecați până se omogenizează bine.
d) Dizolvați granulele de cafea instant în 2 linguri de apă fierbinte. Adăugați amestecul de cafea în amestecul de unt și amestecați până se încorporează uniform.
e) Adăugați treptat ingredientele uscate în amestecul de unt și amestecați până se omogenizează.
f) Puneți linguri rotunjite de aluat pe foaia de copt pregătită, distanțându-le la aproximativ 2 inci. Aplatizați ușor fiecare bilă de aluat cu palma mâinii.
g) Coaceți 10-12 minute sau până când marginile sunt setate. Lăsați fursecurile să se răcească complet.
h) Luați o linguriță de cafea sau înghețată caramel și stropiți deasupra sos de caramel. Sandwich-o între două fursecuri.
i) Pune sandvișurile cu înghețată la congelator timp de cel puțin 1 oră pentru a se întări înainte de servire.

81.Sandvișuri cu înghețată Affogato cu alune

INGREDIENTE:
- 1 ½ cană de făină universală
- ½ lingurita de bicarbonat de sodiu
- ¼ lingurita sare
- ½ cană unt nesărat, înmuiat
- ½ cană zahăr granulat
- ½ cană zahăr brun la pachet
- 1 ou mare
- 1 lingurita extract de vanilie
- ½ ceasca de alune tocate
- 1 litru de inghetata de alune sau vanilie
- 1 cană espresso fierbinte sau cafea tare

INSTRUCȚIUNI:
a) Preîncălziți cuptorul la 375 ° F (190 ° C) și tapetați o tavă de copt cu hârtie de copt.
b) Într-un castron, amestecați făina, bicarbonatul de sodiu și sarea.
c) Într-un castron separat, cremă împreună untul înmuiat, zahărul granulat și zahărul brun până devine ușor și pufos. Adăugați oul și extractul de vanilie și amestecați până se omogenizează bine.
d) Adăugați treptat ingredientele uscate în amestecul de unt și amestecați până se omogenizează. Se amestecă alunele tocate.
e) Puneți linguri rotunjite de aluat pe foaia de copt pregătită, distanțându-le la aproximativ 2 inci. Aplatizați ușor fiecare bilă de aluat cu palma mâinii.
f) Coaceți 10-12 minute sau până când marginile sunt setate. Lăsați fursecurile să se răcească complet.
g) Luați o linguriță de înghețată de alune sau vanilie și puneți-o în sandwich între două fursecuri.
h) Turnați espresso fierbinte sau cafea tare peste sandvișul cu înghețată chiar înainte de servire pentru a crea un efect affogato .
i) Pune sandvișurile cu înghețată la congelator timp de cel puțin 1 oră pentru a se întări înainte de servire.

82. Espresso Brownie și Sandwich cu înghețată de cafea

INGREDIENTE:
- 12 pătrate de brownie espresso
- 2 cesti de inghetata de cafea

INSTRUCȚIUNI:
a) Luați 6 pătrate de brownie espresso și puneți-le cu susul în jos pe o tavă de copt.
b) Pune o lingura de inghetata de cafea pe fiecare patrat de brownie.
c) Puneți un alt pătrat de brownie espresso deasupra fiecărei linguri de înghețată și apăsați ușor pentru a crea un sandviș.
d) Congelați sandvișurile cu înghețată timp de cel puțin 2 ore înainte de servire.

83. Tort cu cafea și Sandwich cu înghețată Mocha Almond Fudge

INGREDIENTE:
- 12 felii de tort de cafea
- 2 căni de înghețată moka fudge de migdale

INSTRUCȚIUNI:
a) Luați 6 felii de tort de cafea și puneți-le cu susul în jos pe o tavă de copt.
b) Pune o lingură de înghețată moka cu migdale pe fiecare felie de tort.
c) Puneți o altă felie de tort de cafea deasupra fiecărei linguri de înghețată și apăsați ușor pentru a crea un sandviș.
d) Congelați sandvișurile cu înghețată timp de cel puțin 2 ore înainte de servire.

PERECHI PE BAZĂ DE PRĂJITĂ

84.Aluat de prăjitură Sandviș cu înghețată de soia

INGREDIENTE:
- ¾ cană de zahăr din trestie evaporat
- 2 lingurițe amidon de săgeată
- 2-½ cani de lapte de soia sau de canepa (grasime plina)
- 1¼ linguriță extract de unt (credeți sau nu , este vegan!)
- 1 lingurita extract de vanilie
- ¼ linguriță extract de arțar

INSTRUCȚIUNI:
a) Într-o cratiță mare, combinați zahărul și amidonul de săgeată și amestecați până când amidonul este încorporat în zahăr.
b) Se toarnă laptele, amestecând pentru a se încorpora. La foc mediu, aduceți amestecul la fierbere, amestecând des.
c) După ce ajunge la fierbere, reduceți focul la mediu-mic și bateți constant până când amestecul se îngroașă și acoperă dosul lingurii, aproximativ 5 minute. Luați de pe foc, adăugați untul, vanilia și extractele de arțar și amestecați pentru a se combina.
d) Transferați amestecul într-un bol termorezistent și lăsați-l să se răcească complet.
e) Turnați amestecul în vasul unui aparat de înghețată de 1½ sau 2 litri și procesați conform instrucțiunilor producătorului.
f) Păstrați într-un recipient ermetic la congelator cel puțin o oră înainte de a asambla sandvișurile.

SA FAC SANDWICHURI
g) Răspândiți stropile rămase pe o farfurie mică. Lăsați înghețata să se înmoaie ușor, astfel încât să fie ușor de scos. Pune jumătate din fursecuri, cu fundul în sus, pe o suprafață curată. Pune o linguriță generoasă de înghețată, aproximativ ⅓ cană, pe partea de sus a fiecărui prăjitură.
h) Acoperiți înghețata cu fursecurile rămase, cu fundul biscuitului atingând înghețata. Apăsați ușor pe cookie-uri pentru a le nivela.
i) Rulați marginile sandvișurilor cu înghețată în stropi, acoperind părțile laterale ale înghețatei. Înfășurați fiecare sandviș în folie de plastic sau hârtie cerată și întoarceți-l la congelator timp de cel puțin 30 de minute înainte de a mânca.

85.Sandvișuri cu înghețată Cheesecake Red Velvet

INGREDIENTE:
- 1 cutie de amestec de tort Red Velvet
- ½ cană unt nesărat, topit
- 2 ouă mari
- 1 litru de inghetata cu crema de branza

INSTRUCȚIUNI:

a) Preîncălziți cuptorul la 350°F (175°C) și tapetați o tavă de copt cu hârtie de copt.

b) Într-un castron, combinați amestecul de tort de catifea roșie, untul topit și ouăle până se combină bine.

c) Întindeți aluatul uniform în vasul de copt pregătit și coaceți timp de 15-20 de minute sau până când o scobitoare introdusă în centru iese curată. Lăsați tortul să se răcească complet.

d) Tăiați tortul în pătrate sau dreptunghiuri, în funcție de dimensiunea dorită a sandvișurilor cu înghețată.

e) Luați o linguriță de înghețată cu cremă de brânză și puneți-o în sandwich între două bucăți de tort.

f) Pune sandvișurile cu înghețată la congelator timp de cel puțin 1 oră pentru a se întări înainte de servire.

86.Sandvișuri cu înghețată

INGREDIENTE:
- 1 cutie de amestec de tort cu ciocolata
- ½ cană unt nesărat, topit
- 2 ouă mari
- ceașcă de înghețată cu unt de arahide de 1 litru

INSTRUCȚIUNI:

a) Preîncălziți cuptorul la 350°F (175°C) și tapetați o tavă de copt cu hârtie de copt.

b) Într-un castron, combinați amestecul de tort de ciocolată, untul topit și ouăle până se omogenizează bine.

c) Întindeți aluatul uniform în vasul de copt pregătit și coaceți timp de 15-20 de minute sau până când o scobitoare introdusă în centru iese curată. Lăsați tortul să se răcească complet.

d) Tăiați tortul în pătrate sau dreptunghiuri, în funcție de dimensiunea dorită a sandvișurilor cu înghețată.

e) Luați o lingură de înghețată cu unt de arahide și puneți-o în sandwich între două bucăți de tort.

f) Pune sandvișurile cu înghețată la congelator timp de cel puțin 1 oră pentru a se întări înainte de servire.

87.Lamaie Zmeura Pound Cake Inghetata Sandvișuri

INGREDIENTE:
- 1 prăjitură cumpărată din magazin sau de casă
- 1 halbă sorbet de lămâie sau sorbet de zmeură
- Zmeura proaspata (optional)

INSTRUCȚIUNI:
a) Tăiați prăjitura în felii subțiri.
b) Luați o lingură de sorbet de lămâie sau de zmeură și întindeți-o pe o felie de prăjitură.
c) Acoperiți-l cu o altă felie de prăjitură pentru a crea un sandviș.
d) Opțional: Ornați marginile sandvișului cu zmeură proaspătă.
e) Repetați procesul pentru a face sandvișuri suplimentare cu înghețată.
f) Pune sandvișurile cu înghețată la congelator timp de cel puțin 1 oră pentru a se întări înainte de servire.

88.Tort Morcovi Cremă Brânză Înghețată Sandvișuri

INGREDIENTE:
- 1 prăjitură de morcovi cumpărată din magazin sau de casă
- 1 litru de inghetata cu crema de branza
- nuci tocate (optional)

INSTRUCȚIUNI:
a) Tăiați prăjitura de morcovi în felii subțiri.
b) Luați o linguriță de înghețată cu cremă de brânză și întindeți-o pe o felie de tort cu morcovi.
c) Acoperiți-l cu o altă felie de tort cu morcovi pentru a crea un sandviș.
d) Opțional: Rulați marginile sandvișului în nucă măruntită pentru un plus de crocant.
e) Repetați procesul pentru a face sandvișuri suplimentare cu înghețată.
f) Pune sandvișurile cu înghețată la congelator timp de cel puțin 1 oră pentru a se întări înainte de servire

89.Sandvișuri cu înghețată Banana Split

INGREDIENTE:
- 1 cutie amestec galben de tort
- ½ cană unt nesărat, topit
- 2 ouă mari
- 1 litru de înghețată de banane
- Sos de ciocolata
- Capsuni tocate
- Ananas tocat
- nuci tocate (optional)
- Frisca

INSTRUCȚIUNI:
a) Preîncălziți cuptorul la 350°F (175°C) și tapetați o tavă de copt cu hârtie de copt.
b) Într-un castron, combinați amestecul galben de tort, untul topit și ouăle până se combină bine.
c) Întindeți aluatul uniform în vasul de copt pregătit și coaceți timp de 15-20 de minute sau până când o scobitoare introdusă în centru iese curată. Lăsați tortul să se răcească complet.
d) Tăiați tortul în pătrate sau dreptunghiuri, în funcție de dimensiunea dorită a sandvișurilor cu înghețată.
e) Luați o linguriță de înghețată de banane și întindeți-o pe o bucată de tort.
f) Stropiți sos de ciocolată peste înghețată, apoi adăugați căpșuni tocate, ananas și nuci, dacă doriți.
g) Acoperiți cu o altă bucată de tort pentru a crea un sandviș.
h) Repetați procesul pentru a face sandvișuri suplimentare cu înghețată.
i) Pune sandvișurile cu înghețată la congelator timp de cel puțin 1 oră pentru a se întări înainte de servire.
j) Serviți cu o praf de frișcă deasupra și toppinguri suplimentare, dacă doriți.

90. Tort de ciocolată și prăjituri și Sandwich cu înghețată cu smântână

INGREDIENTE:
- 12 felii de tort de ciocolata
- 2 cani de fursecuri si inghetata

INSTRUCȚIUNI:
a) Luați 6 felii de tort de ciocolată și puneți-le cu susul în jos pe o tavă de copt.
b) Pe fiecare felie de tort se pune o lingura de fursecuri si inghetata.
c) Puneți o altă felie de tort de ciocolată deasupra fiecărei linguri de înghețată și apăsați ușor pentru a crea un sandviș.
d) Congelați sandvișurile cu înghețată timp de cel puțin 2 ore înainte de servire.

91. Sandwich cu pandișpan de vanilie și cheesecake cu căpșuni

INGREDIENTE:
- 12 felii de pandișpan de vanilie
- 2 cani de inghetata cheesecake cu capsuni

INSTRUCȚIUNI:
a) Luați 6 felii de pandișpan de vanilie și puneți-le cu susul în jos pe o tavă de copt.
b) Pune o lingura de inghetata de cheesecake cu capsuni pe fiecare felie de tort.
c) Puneți o altă felie de pandișpan de vanilie deasupra fiecărei linguri de înghețată și apăsați ușor pentru a crea un sandviș.
d) Congelați sandvișurile cu înghețată timp de cel puțin 2 ore înainte de servire.

92. Tort cu morcovi și Sandwich cu înghețată cu scorțișoară

INGREDIENTE:
- 12 felii de tort de morcovi
- 2 cani de inghetata de scortisoara

INSTRUCȚIUNI:

a) Luați 6 felii de tort de morcovi și puneți-le cu susul în jos pe o tavă de copt.
b) Pune o lingura de inghetata de scortisoara pe fiecare felie de tort.
c) Puneți o altă felie de tort de morcovi deasupra fiecărei linguri de înghețată și apăsați ușor pentru a crea un sandviș.
d) Congelați sandvișurile cu înghețată timp de cel puțin 2 ore înainte de servire.

PERECHI PE BAZĂ DE BROWNIE

93.Sandvișuri cu înghețată Brownie și caramel sărat

INGREDIENTE:
- 1 cutie amestec de brownie
- ½ cană unt nesărat, topit
- 2 ouă mari
- 1 litru de înghețată caramel cu sare

INSTRUCȚIUNI:
a) Preîncălziți cuptorul la 350°F (175°C) și tapetați o tavă de copt cu hârtie de copt.
b) Într-un castron, combinați amestecul de brownie, untul topit și ouăle până se combină bine.
c) Întindeți aluatul uniform în vasul de copt pregătit și coaceți timp de 20-25 de minute sau până când o scobitoare introdusă în centru iese cu câteva firimituri umede. Lăsați brownie-ul să se răcească complet.
d) Tăiați brownie-ul în pătrate sau dreptunghiuri, în funcție de dimensiunea dorită a sandvișurilor cu înghețată.
e) Luați o linguriță de înghețată cu caramel sărat și puneți-o în sandwich între două bucăți de brownie.
f) Pune sandvișurile cu înghețată la congelator timp de cel puțin 1 oră pentru a se întări înainte de servire.

94.Biscuiți și Sandvișuri cu înghețată Brownie cu cremă

INGREDIENTE:
- 1 cutie amestec de brownie
- ½ cană unt nesărat, topit
- 2 ouă mari
- Fursecuri de 1 halbă și înghețată

INSTRUCȚIUNI:
a) Preîncălziți cuptorul la 350°F (175°C) și tapetați o tavă de copt cu hârtie de copt.
b) Într-un castron, combinați amestecul de brownie, untul topit și ouăle până se combină bine.
c) Întindeți aluatul uniform în vasul de copt pregătit și coaceți timp de 20-25 de minute sau până când o scobitoare introdusă în centru iese cu câteva firimituri umede. Lăsați brownie-ul să se răcească complet.
d) Tăiați brownie-ul în pătrate sau dreptunghiuri, în funcție de dimensiunea dorită a sandvișurilor cu înghețată.
e) Luați o linguriță de fursecuri și înghețată cremă și puneți-o în sandwich între două bucăți de brownie.
f) Pune sandvișurile cu înghețată la congelator timp de cel puțin 1 oră pentru a se întări înainte de servire.

95.Sandvişuri cu îngheţată Brownie Fudge cu zmeură

INGREDIENTE:
- 1 cutie amestec de brownie
- ½ cană unt nesărat, topit
- 2 ouă mari
- 1 litru de înghețată cu fudge de zmeură

INSTRUCȚIUNI:
a) Preîncălziți cuptorul la 350°F (175°C) și tapetați o tavă de copt cu hârtie de copt.
b) Într-un castron, combinați amestecul de brownie, untul topit și ouăle până se combină bine.
c) Întindeți aluatul uniform în vasul de copt pregătit și coaceți timp de 20-25 de minute sau până când o scobitoare introdusă în centru iese cu câteva firimituri umede. Lăsați brownie-ul să se răcească complet.
d) Tăiați brownie-ul în pătrate sau dreptunghiuri, în funcție de dimensiunea dorită a sandvișurilor cu înghețată.
e) Luați o linguriță de înghețată fudge cu zmeură și puneți-o în sandwich între două bucăți de brownie.
f) Pune sandvișurile cu înghețată la congelator timp de cel puțin 1 oră pentru a se întări înainte de servire.

96. Sandviș cu înghețată Brownie și Chip cu mentă

INGREDIENTE:
- 12 pătrate de brownie de ciocolată cu mentă
- 2 căni de înghețată cu ciocolată cu mentă

INSTRUCȚIUNI:
a) Luați 6 pătrate de brownie de ciocolată cu mentă și puneți-le cu susul în jos pe o tavă de copt.
b) Pune o lingură de înghețată cu ciocolată cu mentă pe fiecare pătrat de brownie.
c) Puneți un alt pătrat de brownie de ciocolată cu mentă deasupra fiecărei linguri de înghețată și apăsați ușor pentru a crea un sandviș.
d) Congelați sandvișurile cu înghețată timp de cel puțin 2 ore înainte de servire.

97. Sandwich cu înghețată cu unt de arahide

INGREDIENTE:
- 12 pătrate de brownie cu unt de arahide
- 2 cani de inghetata cu unt de arahide
- 1/4 cana alune tocate (optional)

INSTRUCȚIUNI:
a) Luați 6 pătrate de brownie cu unt de arahide și puneți-le cu susul în jos pe o tavă de copt.
b) Pune o lingură de înghețată cu unt de arahide pe fiecare pătrat de brownie.
c) Presărați arahide tocate (dacă doriți) deasupra înghețatei.
d) Puneți un alt pătrat de brownie cu unt de arahide deasupra fiecărei linguri de înghețată și apăsați ușor pentru a crea un sandviș.
e) Congelați sandvișurile cu înghețată timp de cel puțin 2 ore înainte de servire.

98. Brownie cu fudge cu zmeură și sandviș cu înghețată învolburată

INGREDIENTE:
- 12 pătrate de brownie fudge cu zmeură
- 2 căni de înghețată de zmeură
- Zmeura proaspata (optional)

INSTRUCȚIUNI:
a) Luați 6 pătrate de brownie cu fudge cu zmeură și puneți-le cu susul în jos pe o tavă de copt.
b) Pune o lingură de înghețată de zmeură pe fiecare pătrat de brownie.
c) Adăugați zmeura proaspătă deasupra înghețatei (dacă doriți).
d) Puneți un alt pătrat de brownie cu fudge de zmeură deasupra fiecărei linguri de înghețată și apăsați ușor pentru a crea un sandviș.
e) Congelați sandvișurile cu înghețată timp de cel puțin 2 ore înainte de servire.

99. Sandviș cu înghețată S'mores Brownie și Marshmallow

INGREDIENTE:
- 12 pătrate de brownie s'mores
- 2 cani de inghetata de marshmallow
- Biscuiți graham zdrobiți

INSTRUCȚIUNI:
a) Luați 6 pătrate de brownie s'mores și puneți-le cu susul în jos pe o tavă de copt.
b) Pune o lingură de înghețată de marshmallow pe fiecare pătrat de brownie.
c) Presărați biscuiți graham zdrobiți deasupra înghețatei.
d) Puneți un alt pătrat de brownie s'mores deasupra fiecărei linguri de înghețată și apăsați ușor pentru a crea un sandviș.
e) Congelați sandvișurile cu înghețată timp de cel puțin 2 ore înainte de servire.

100. Sandviș cu înghețată Red Velvet Brownie și brânză cremă

INGREDIENTE:
- 12 pătrate de brownie de catifea roșie
- 2 cani de inghetata crema de branza
- Pesmet de catifea roșie (opțional)

INSTRUCȚIUNI:
a) Luați 6 pătrate de brownie de catifea roșie și puneți-le cu susul în jos pe o tavă de copt.
b) Pune o lingură de înghețată cu cremă de brânză pe fiecare pătrat de brownie.
c) Presărați pesmet de catifea roșie (dacă doriți) deasupra înghețatei.
d) Puneți un alt pătrat de brownie de catifea roșie deasupra fiecărei linguri de înghețată și apăsați ușor pentru a crea un sandviș.
e) Congelați sandvișurile cu înghețată timp de cel puțin 2 ore înainte de servire.

CONCLUZIE

Pe măsură ce ne încheiem călătoria prin „UMPLERE: O CARTE DESPRE COOKIE URILE SANDWICH", sperăm că ați fost inspirat să explorați lumea delicioasă a prăjiturilor umplute cu sandvici și să vă dezlănțuiți creativitatea în bucătărie. Indiferent dacă sunteți un brutar experimentat sau nou în lumea prăjiturilor tip sandwich, există ceva de care să se bucure toată lumea în aceste pagini.

Pe măsură ce continuați să experimentați cu diferite arome, umpluturi și decorațiuni, fie ca fiecare lot de prăjituri tip sandwich pe care îl coaceți să vă aducă bucurie și satisfacție. Fie că le împărtășiți cu cei dragi, le oferiți cadou sau pur și simplu le savurați cu un pahar de lapte, fie ca straturile dulci de bunătate din fiecare prăjitură să vă lumineze ziua și să vă creeze amintiri de durată.

Vă mulțumim că ne-ați alăturat în această călătorie aromată prin lumea fursecurilor umplute de tip sandwich. Fie ca bucătăria ta să fie plină de aroma prăjiturii proaspăt coapte, masa ta cu deliciile dulciurilor și inima ta de bucuria coacerii. Până ne întâlnim din nou, coacere fericită și poftă bună!

www.ingramcontent.com/pod-product-compliance
Lightning Source LLC
Chambersburg PA
CBHW071858110526
44591CB00011B/1468